RÉFORME

DU

CODE D'INSTRUCTION CRIMINELLE

A PROPOS DE LA RÉFORME

DE

LA PROCÉDURE CRIMINELLE

BONAPARTE CRIMINALISTE

PAR

JACQUES ESCORBIAC

LICENCIÉ ÈS-LETTRES, AVOCAT, DOCTEUR EN DROIT

(EXTRAIT DE LA *Revue pratique de droit français*.)

PARIS

LIBRAIRIE A. MARESCQ AINE

A. CHEVALIER-MARESCQ, GENDRE ET SUCCESSEUR

20, RUE SOUFFLOT, 20.

Au coin de la rue Victor-Cousin.

—

1883

INTRODUCTION

Dans la session parlementaire de l'an dernier, le Sénat a mis en délibération un projet de réforme du Code d'instruction criminelle. Il était temps. Soixante-dix ans et plus se sont écoulés depuis la promulgation de ce Code, apportant dans les idées et dans les mœurs des changements profonds qui auraient dû se refléter dans notre législation criminelle. Loin de là, cette législation est restée à peu près stationnaire; les modifications de détail que nos législateurs y ont fait subir à diverses époques, n'en ont pas changé l'esprit général. Encore aujourd'hui nous en sommes à regretter, du moins dans une large mesure, les innovations de nos pères de 1791. Le jury d'accusation, ce préliminaire inséparable du jury de jugement, n'a pas été rétabli. Le juge d'instruction n'a rien perdu de ses pouvoirs redoutables : le prévenu traduit devant lui n'a pas de plus sérieuses garanties qu'il n'en avait en 1810. On lui accorde un défenseur à l'audience : on lui refuse un conseil dans le cabinet du juge d'instruction. La procédure qui devrait être partout publique, est en partie secrète : personne en effet n'est admis près du juge instructeur interrogeant successivement et sans les confronter les témoins et les prévenus. La police administrative n'a pas été séparée de la police judiciaire, et les préfets détiennent toujours les attributions exorbitantes qui leur furent conférées à l'origine par l'art. 10. Enfin, et c'est là peut-être le point le plus important, l'organisation udiciaire de 1810 est encore debout.

Il ne nous appartient par d'indiquer le remède du mal. Nous n'avons pas pour le faire l'autorité que donne l'expérience. Ceux-là seuls qui depuis longues années remplissent la mission de poursuivre les coupables , connaissant par eux-mêmes les vices de l'instrument que le législateur a mis dans leurs mains, ont qualité pour présenter la solution du problème.

Notre tâche à nous sera plus modeste : elle sera purement historique. Nous voulons rechercher et dévoiler au public le véritable auteur de ce mal dont nous souffrons depuis plus de soixante ans, et auquel nos législateurs, soit impuissance, soit calcul, n'ont pas encore porté remède. On nous objectera peut-être que la recherche est superflue ; personne, nous dira-t-on, n'ignore que Bonaparte a été un des principaux auteurs du Code d'instruction criminelle, et qu'à lui surtout incombe la responsabilité des vices de cette institution. Nous répondrons que la plupart des écrivains qui ont étudié avant nous ce sujet, ne l'ont traité qu'accessoirement et comme partie d'un ensemble historique plus vaste. Beaucoup ont exposé les vices de notre justice criminelle ; nous n'en savons pas qui en ait fait connaître l'auteur avec documents à l'appui. Ce sont ces documents que nous mettons sous les yeux du lecteur. Ce n'est pas assez de dire que Bonaparte a corrompu notre procédure criminelle, il faut encore le prouver.

L'authenticité des documents a rendu notre tâche facile. Le Code d'instruction criminelle, comme du reste tous nos Codes, a été élaboré par le conseil d'État. Les procès-verbaux des séances ont été conservés. Bonaparte, en sa qualité de président du conseil, est souvent intervenu dans la discussion. Quel fut le caractère de cette intervention ? Il suffit pour le savoir d'analyser les procès-verbaux, tels que nous les trouvons dans Locré. Nous verrons par cette analyse que la plupart des articles, abrogés depuis ou qui auraient dû l'être, ont été surtout l'œuvre de Bonaparte. Nous verrons en outre que ces articles ne furent pas adoptés sans discussion. Il n'est pas vrai de dire que Bonaparte au sein du conseil n'a pas rencontré de contradicteurs, d'adversaires : ses collaborateurs, dont la plupart avaient siégé dans nos assemblées révolutionnaires, ne sacrifiaient pas toujours sans résistance les principes qu'ils avaient autrefois si énergiquement défendus. Mais briser des résistances pure-ment morales, qu'était-ce pour l'homme qui, vingt ans durant, broya sans remords, sans regrets, l'Europe entière sous son char de guerre ? De gré, ou de force, le conseil d'État devait s'in-cliner.

RÉFORME DU CODE D'INSTRUCTION CRIMINELLE

CHAPITRE I

PROJET DE CODE CRIMINEL DE 1804. PROJET DE 1808. COMPARAISON.

Le 7 germinal an IX (28 mars 1801), une commission, prise parmi les membres du conseil d'État, avait été chargée d'élaborer un projet de Code criminel. La commission ne songea pas d'abord à distinguer entre les lois qui prononcent les peines et celles qui règlent les poursuites. Les unes et les autres furent réunies dans un Code unique, sous le titre de Code criminel, correctionnel et de police. Le projet ainsi conçu vint pour la première fois devant le conseil dans la séance du 2 prairial an XII (22 mai 1804). La délibération occupa 25 séances. Interrompue le 29 frimaire an XIII (20 décembre 1804), elle ne fut reprise que quatre ans plus tard, le 23 janvier 1808.

En 1804, la délibération porta d'abord sur les principes généraux de la matière. C'est surtout dans cette délibération que Bonaparte est le plus souvent intervenu. Son intervention fut moins fréquente, lorsque de la discussion des principes on passa à celle des dispositions particulières, à la rédaction des articles. Le travail était déjà fort avancé, lorsque, sur la motion de Bonaparte, le conseil mit à l'ordre du jour la grave question de savoir si la justice civile et la justice criminelle, jusqu'alors rendues par des juges différents, seraient désormais réunies. Vivement défendu par Bonaparte, le système de la réunion fut non moins vivement combattu par Defermon, Treilhard et Berlier. L'entente n'ayant pu s'établir, les travaux furent suspendus. Lors de leur reprise en 1808, la commission, procédant avec plus de méthode qu'en 1804, avait scindé le projet primitif : les dispositions ayant trait à la pénalité avaient été réservées pour être l'objet d'un Code spécial, celles relatives aux poursuites, et qui ont formé le Code d'instruction criminelle, furent soumises les premières aux délibérations du conseil. Les principes généraux furent d'abord discutés : de même qu'en 1804, Bonaparte prit à cette discussion une part très active, prépondérante; quant à la rédaction des articles, il la laissa au conseil, dont la docilité du reste ne lui inspirait plus aucun ombrage. La délibération dura quarante séances : elle fut close le 3 novembre 1808.

La comparaison entre ces deux délibérations, séparées par un intervalle de quatre ans, est des plus instructives, et suggère de bien pénibles réflexions. Dans la première, les membres du conseil d'État, bien que très respectueux pour Bonaparte, défendent néanmoins avec une certaine indépendance les idées qui leur sont chères, et dont s'était inspirée la législation alors en vigueur, le Code de brumaire, leur œuvre. A l'irrégularité de leur allure, tantôt résignée, tantôt rebelle, quelquefois même agressive, on reconnaît des hommes d'une trempe naguère vigoureuse, et qu'il est prudent de ne pas trop surmener. Le despotisme date d'hier, et n'a pas eu le temps de les assouplir. Il ne leur répugne par de doter la France d'un Code sévère; mais ils n'entendent pas que, sous le prétexte de poursuivre énergiquement le crime, et pour ne pas laisser échapper un coupable, on s'expose à molester et à condamner l'innocence. Ils se prononcent nettement pour le jury, non seulement pour le jury de jugement, mais aussi pour le jury d'accusation.« Un seul jury, dit Treilhard (P. 48, t. 24, Locré), ne donne pas de garantie suffisante ni à la société, ni à l'accusé. » Bigot-Préameneu est d'avis qu'il y a beaucoup plus de sûreté à confier l'instruction à un jury qu'à un juge (P. 48, t. 24, Locré). Treilhard, Berlier, d'accord avec la section de législation, attaquent les tribunaux d'exception : institution dangereuse, en ce qu'on trouverait toujours quelques circonstances dont on pourrait abuser pour traduire indistinctement tous les citoyens devant cette juridiction (P. 106). La section rejette absolument la confiscation. La commission, moins libérale, la restreint aux crimes de conspiration et de faux-monnayage. Bigot-Préameneu, au nom de la section, s'élève contre ce système moyen (P. 102). Relativement à la composition du jury, le conseil décide que tous les membres en seront pris exclusivement dans les collèges électoraux. Lorsqu'il fallut fixer le nombre de voix nécessaire pour entraîner la condamnation, la section, entrant hardiment dans la voie libérale qui lui était indiquée par la législation anglaise, exigea l'unanimité ; la commission, plus timide, déclara se contenter des deux tiers. Rappelons enfin que, si les travaux furent interrompus, c'est que le conseil, contrairement à l'avis de Bonaparte, et malgré son insistance marquée, se prononça contre la réunion des deux justices.

Arrivons en 1808. Le ton de la discussion a singulièrement baissé. Quatre années à peine se sont écoulées ; mais ces quatre années ont été merveilleusement employées par le despotisme : les têtes les plus hautes ont été abaissées, le nivellement est complet. De concession en concession, on en est arrivé à ne plus oser parler ni penser librement. Des conquêtes faites par la révolution dans le domaine de la législation criminelle, la plupart furent sinon emportées, du moins amoindries, dénaturées. Le jury de jugement subsista, mais vicié dans sa formation par l'adjonction des fonctionnaires et par le droit exclusif dévolu au préfet de dresser lui-même la liste des jurés ; vicié dans son principe même par l'art. 351, qui dans certains cas subordonnait le verdict prononcé à la ratification du tribunal ; amoindri enfin dans sa compétence par l'institution des cours spéciales permanentes. Ajoutez à cela que le gouvernement se réservait le droit de le suspendre à son gré et de le remplacer temporairement par une juridiction extraordinaire, partout où les circonstances l'exigeraient. Quant au jury d'accusation, il fut supprimé presque sans débat. Contrairement à ce qui avait été décidé en 1804, les préfets furent investis de toutes les attributions de la police judiciaire (art. 10), confusion étrange et qui eut pour résultat immédiat de faire de la magistrature la vassale de l'autorité administrative. Parlerai-je des tribunaux d'exception ? Le conseil d'État, qui les condamnait jadis, fut unanime à en reconnaître l'urgence. Il en fut de même pour la confiscation. Enfin la réunion des deux justices et la formation des grandes cours impériales que Bonaparte n'avait pu obtenir en 1804, la magistrature qui devait être un sacerdoce, ramenée et ravalée à une fonction, en un mot l'organisation judiciaire, telle que nous l'avons encore aujourd'hui : tout cela fut adopté, consacré.

Comment expliquer ce changement ? Comment les mêmes hommes se rallièrent-ils en 1808 à des idées qu'ils avaient combattues en 1804 ? Quelle que soit l'époque, un mouvement en arrière n'est pas aisé à justifier. On comprend néanmoins que, dans des époques troublées, les esprits, que ne soutient pas une foi inébranlable dans les principes, se laissent aller au découragement et que, dans leur désespoir, ils en viennent à réclamer l'application de mesures exceptionnelles. Qu'en 1798, le Directoire, épouvanté par les Chouans et les Chauffeurs qui désolaient le territoire, ait eu recours à des pratiques de cette nature, je ne l'approuve pas, néanmoins je le comprends. Mais en était-il ainsi en 1808 ? Vit-on jamais époque plus calme, et gouvernement plus respecté que ne le fut l'Empire à cette époque ? Pourquoi alors ces tristes défaillances du conseil d'Etat ? C'est que le conseil d'État n'était plus libre; c'est qu'il fallait souscrire désormais à toutes les volontés du maître. Faire de l'opposition n'était pas prudent : le Tribunat supprimé l'avait appris, comme on dit, à ses dépens. Ce rôle d'opposant n'était plus du reste moralement possible. Enrichis et ennoblis par Bonaparte, les membres du conseil pouvaient-ils décemment combattre ses projets? N'eût-ce pas été de leur part le comble de l'ingratitude que de blesser la main dont ils acceptaient tous les jours des présents?

Et c'est ainsi que le Code criminel de 1810 fut autrement rigoureux que le projet présenté et discuté en 1804. L'analyse détaillée et successive des procès-verbaux nous fera connaître l'auteur responsable de ce surcroît d'inutiles rigueurs.

CHAPITRE II

PROCÈS-VERBAUX DE 1804

§ 1. — *Bonaparte et le jury.* — *A quelles conditions Bonaparte consent à ne pas abolir cette procédure : suppression des avocats, création des tribunaux d'exception, réunion des deux justices.*

En règle générale, l'esprit militaire est un conseiller peu sûr en matière de législation criminelle. Forcé par les nécessités de la guerre à se décider promptement, le soldat comprend avec peine les formalités lentes et circonspectes d'une procédure, et le respect de la vie des autres est quelquefois affaibli en lui par les massacres qu'il a tous les jours sous les yeux. Cet esprit de décision fut un des traits caractéristiques du génie de Bonaparte. Il faut y ajouter un profond mépris de la vie humaine.

Dans une des séances du conseil d'Etat (P. 60, t. 24, Locré), Berlier ayant fait observer qu'une condamnation capitale était chose très grave, et qu'on ne devait la prononcer qu'après avoir établi par des preuves nombreuses et évidentes la culpabilité de l'accusé, Bonaparte de répondre froidement qu'exiger l'évidence est idéologie pure ; les juges criminels ne peuvent se décider que sur des probabilités.

Ces paroles, qu'on ne peut entendre sans frissonner, nous révèlent le point de vue auquel se plaçait Bonaparte dans la revision de notre procédure criminelle, point de vue bien différent de celui de quelques-uns de ses collaborateurs, entre autres Berlier, Defermon, Bérenger. Juristes de profession et profondément humains, ils consacraient tous leurs efforts à maintenir la balance égale entre la société et l'accusé : ce n'était pas tout que de poursuivre le coupable, il fallait aussi que l'innocence ne fût pas exposée. Ces scrupules si légitimes tenaient peu de place dans les préoccupations de Bonaparte. Ce qu'il voulait avant tout et par-dessus tout, c'était organiser les tribunaux dans des conditions telles que le moindre délit ne pût échapper à leur action ; c'était donner à la justice une intensité, une promptitude qui lui avaient toujours fait défaut. Sans doute, il était sage de ne pas frapper un innocent ; mais il fallait surtout faire trembler les coupables.

Avec de pareilles dispositions, Bonaparte ne pouvait être partisan de la procédure par jurés, procédure essentiellement libérale, imparfaite sans doute, mais qui a du moins l'avantage de présenter à l'innocence des garanties qu'elle ne trouverait pas chez des juges permanents. Le jury, d'ailleurs, avait aux yeux de Bonaparte un vice peut-être encore plus grave : celui de statuer avec indépendance. Les républicains et les royalistes étaient assurément peu nombreux à cette époque : ils existaient néanmoins. Bonaparte les connaissait et les redoutait. Aussi voulait-il avoir dans ses mains, pour s'en servir au besoin contre eux, un instrument plus docile que ne l'est ordinairement un jury. Des juges permanents, nommés par lui, relevant uniquement de son autorité, lui paraissaient, du reste avec raison, plus aptes à le seconder dans ce but.

L'institution du jury déplaisait donc à Bonaparte. Il en désirait la suppression. Quelques membres du conseil d'Etat, parmi lesquels Siméon, Portalis, l'encourageaient dans cette voie. Des magistrats éminents se joignirent à eux. Ces auxiliaires étaient cependant moins résolus : ils n'allaient pas jusqu'à demander la suppression immédiate du jury; pour le moment, ils se contentaient d'une transformation. Le troisième jour complémentaire de l'an XI (20 septembre 1803), une députation de la Cour de cassation vint, conformément à l'arrêté du 5 ventôse an X (24 février 1802), présenter au Premier Consul des observations sur les réformes criminelles que la cour considérait comme urgentes. L'orateur de la députation, le premier président Muraire, crut devoir émettre des doutes sur l'excellence de l'institution du jury. « De grands crimes, dit-il, sont restés impunis, et cette impunité a presque conduit à douter si l'institution des jurés, si belle en théorie, n'a pas été jusqu'aujourd'hui plus nuisible qu'utile à la société. » Toutefois, la cour incline à croire que les reproches mérités qu'elle a encourus proviennent surtout du mode d'application. « L'institution était peut-être bonne : ce qui était mauvais, c'était la manière dont elle avait été organisée. Faute d'avoir prescrit les qualités nécessaires pour exercer ces fonctions redoutables, on introduisait dans le jury des hommes incapables et ignorants ; par des exclusions sans fin, et des incompatibilités exagérées, on en écartait les hommes instruits. »

Le même jour, le grand juge ministre de la justice confirmait en ces termes les observations de M. Muraire : « D'après de nombreuses réclamations qui se sont élevées contre les jugements par jurés, on serait tenté de ranger cette institution parmi celles que de vaines et trompeuses théories ont fait indiscrètement adopter. » Suivait une longue énumération des vices qui rendaient cette procédure impuissante et par suite dangereuse. Toutefois, à l'exemple du président Muraire, le ministre hésite à réclamer la mort immédiate du coupable. « Des hommes très éminents, dit-il en terminant, affirment que l'institution est excellente : l'organisation seule en a été défectueuse. Eh bien, ne leur refusons pas une nouvelle épreuve, et qu'une troisième expérience décide entre eux et leurs contradicteurs » (P. 213, t. 1, Locré). Nous verrons plus loin dans quelle mesure étaient fondées ces graves accusations.

Cet accord simultané du premier président Muraire et du ministre de la justice n'avait rien de fortuit, mais révélait un plan mûrement réfléchi, une campagne ouverte contre le jury dans les hautes sphères gouvernementales. Bonaparte était alors à l'apogée de sa grandeur ; et deux fonctionnaires relevant de lui n'eussent jamais osé dans un discours public faire presque des vœux pour la suppression du jury, s'ils n'avaient su à l'avance que ces vœux répondaient aux désirs de Bonaparte.

Sur ces entrefaites, le projet du Code criminel fut soumis au conseil d'Etat. Les adversaires du jury avaient préparé leurs batteries : ils étaient forts en outre de l'appui de Bonaparte. Mais si le jury avait contre lui de puissants adversaires, il comptait aussi des défenseurs résolus. La question fut agitée pour la première fois dans la séance du 16 prairial an XII (5 juin 1804). Le jury, vivement attaqué par Siméon, fut non moins vivement défendu par Bérenger, Treilhard, mais surtout par Berlier, dont les observations, remarquables de bon sens et présentées avec chaleur, produisirent un grand effet sur le conseil. Cambacérès, lui-même, malgré sa déférence par trop respectueuse pour Bonaparte, n'hésita pas à se prononcer pour le maintien de l'institution : réorganisée sur des bases nouvelles, elle donnerait de très bons résultats.

Bonaparte jugea opportun d'intervenir et de faire contrepoids à Berlier. Selon lui, l'avis de Siméon est de beaucoup préférable à celui de ses contradicteurs, qui, du reste, n'ont pas réussi à affaiblir la portée de ses arguments. « Sa Majesté dit qu'on n'a point répondu à ce qu'a avancé Siméon, que les juges, n'étant point forcés de se prononcer d'après des preuves légales, ne sont plus que des jurés ; mais qu'ils ont cet avantage sur les jurés ordinaires, qu'ils sont plus exercés et mieux choisis ; que ce serait de tels citoyens qu'il faudrait prendre pour jurés, s'ils n'étaient point revêtus du caractère de juges. »

« Je l'admets, reprend Treilhard, la doctrine des preuves légales étant écartée, les juges deviennent des jurés ; la question se réduit donc à savoir lesquels doivent être préférés, des jurés perpétuels ou des jurés accidentels. Ceux-ci partagent avec les autres la facilité de se former une opinion sur la vérité d'un fait ; et ils ont sur eux l'avantage de n'apporter à l'examen de ce fait ni ces préventions ni cette dureté que donne l'habitude, et qui inspire à tous les citoyens des craintes d'autant mieux fondées que ces jurés ne changent jamais » (P. 34, t. 24, Locré).

La plupart des membres du conseil ayant pris la parole, il était facile de voir que la grande majorité d'entre eux était pour le maintien du jury. Bonaparte à cette époque ne dédaignait pas encore de tourner habilement une difficulté qu'il estimait encore trop dangereuse pour être heurtée de front. Le conseil lui refusant la mort du jury, il consentit à le laisser vivre, mais provisoirement, sous réserve de le transformer, de le pétrir à son gré, et après avoir argué contre lui des griefs vraiment étranges et qui, en raison de leur singularité, méritent une mention. Siméon avait taxé les jurés de faiblesse; il avait contesté en outre leur capacité. D'après Bonaparte, l'ignorance et la mollesse sont encore leurs moindres défauts. Le vice capital du jury, vice dont il est effrayé, lui, Bonaparte, et que pas un des membres du conseil n'avait eu la perspicacité d'entrevoir, c'est sa dépendance inévitable vis-à-vis du pouvoir, dépendance qui enlève toute autorité à ses jugements. « Bonaparte est d'avis qu'un gouvernement tyrannique aurait beaucoup plus d'avantages avec des jurés qu'avec des juges qui sont moins à sa dévotion, et qui toujours lui opposent plus de résistance. » La théorie dut paraître aux membres du conseil un peu nouvelle; c'était en effet une nouveauté pour eux que d'entendre dire que des citoyens, libres de toute attache officielle, ne relevant que d'eux-mêmes, sont naturellement plus respectueux, plus serviles, que des fonctionnaires nommés par le chef de l'Etat, payés par lui, attendant tout de lui, décoration, avancement, etc. A l'appui de son affirmation, Bonaparte invoque le témoignage de l'histoire : « Les tribunaux les plus sévères, dit-il, avaient des jurés. » Mais il oublie de nommer ces tribunaux, et de dire ce qu'étaient les jurés qui en faisaient partie. « Si ces tribunaux, ajoute-t-il, eussent été composés de magistrats, les habitudes et les formes eussent été un rempart contre les condamnations injustes et arbitraires. » Les membres du conseil auraient pu lui répondre que la procédure influe beaucoup sur l'issue d'un procès; mais qu'il importait plus encore d'avoir pour juges des hommes indépendants et que l'habitude n'a pas endurcis. Or, en fait d'indépendance, la qualité de fonctionnaire n'a jamais été une garantie bien sérieuse. Quant à l'endurcissement, l'expérience ne l'a que trop prouvé, il est inévitable avec des juges permanents. Bonaparte ne va pas jusqu'à nier le danger, mais il est aisé, selon lui, de le conjurer sans recourir au jury : il suffit que les débats soient rendus publics et que l'accusé soit assisté d'un défenseur. « La dureté que peut donner l'exercice continu des fonctions de juge est, dit-il, peu à craindre, lorsque la procédure est publique, et qu'il y a des défenseurs et des débats » (P. 46, t. 24, Locré).

Toutefois, Bonaparte se ralliera à l'opinion du conseil : il acceptera le jury, mais provisoirement et sous réserve que son maintien pourra se concilier avec la réforme judiciaire alors à l'étude. Dans cette réforme l'idée capitale et chère à Bonaparte était de faire rendre par les mêmes magistrats la justice civile et la justice criminelle : « Sa Majesté déclare qu'elle ne regarde point le conseil comme engagé par la détermination qui va être prise ; si en organisant le système de la réunion des deux justices, on rencontre des obstacles imprévus, le conseil pourra revenir à sa première opinion » (P. 47, t. 24, Locré).

Bonaparte déclare en outre qu'il se gardera bien d'accepter le jury tel que l'avait organisé le Code de brumaire. Cette organisation est selon lui radicalement vicieuse. Le législateur de brumaire était parti de cette idée très juste que pour faire un bon juré, pour apprécier le caractère délictueux d'un fait, un sens droit et l'honnêteté suffisaient. Bonaparte estime que ces qualités ne suffisent pas : il faut pour être jurés des esprits très éclairés, des hommes très instruits, très indépendants, qui sachent résister à toutes les sollicitations, et surtout déjouer les habiletés des avocats. En d'autres termes, le parfait juré selon Bonaparte est celui qui, d'une part écoute avec une componction religieuse les arguments présentés par le magistrat accusateur, et qui de l'autre ne prête qu'une médiocre attention aux arguments de la défense. Or, avec l'organisation actuelle, ce parfait juré n'existe pas. « Aujourd'hui, dit-il, tout homme à qui sa fortune permet de payer un avocat et qui a des jurés pour arbitres de son sort est presque certain d'être absous » (P. 60, t. 24, Locré). — « Tout homme constitué en dignité avant la révolution est ordinairement absous, quoiqu'il soit accusé de crimes qui n'ont point de rapport avec la politique » (P. 61, t. 24, Locré). — « On ne peut se dissimuler que dans beaucoup de cas le jury ne déploie pas assez de fermeté, pour qu'on puisse se flatter que seul il remédiera à tous les désordres » (P. 106, t. 24, Locré).

La procédure par jurés étant vicieuse, il faut donc y remédier. Bonaparte propose trois moyens : suppression des avocats, formation des tribunaux d'exception, composition nouvelle du jury.

« C'est un grand inconvénient, disait-il dans la séance du 16 prairial an XII (P. 46, t. 24, Locré), d'appeler aux fonctions de juré des hommes peu exercés, et de les livrer à un commissaire impérial, ainsi qu'à des avocats qui le sont beaucoup. Il faudrait n'admettre pour défenseurs devant le jury que des personnes qui n'eussent pas l'habitude du barreau : car si plusieurs avocats répètent successivement les mêmes faits devant les jurés et les présentent avec adresse, point de doute qu'ils n'arrivent à séduire ces esprits inexpérimentés. Ils n'auraient pas le même avantage avec des juges de profession. »

Mais si l'avocat est à redouter, le procureur chargé de poursuivre ne l'est pas moins. Le premier dans l'attaque est tout aussi habile et aussi acharné que le second dans la défense. La logique et l'équité exigeaient donc que Bonaparte, après avoir demandé la suppression des avocats, conclût à la suppression des procureurs. Il n'en fut rien : dans le système de Bonaparte, l'avocat seul sera exclu de l'audience, et l'accusé sera livré sans appui, sans défenseur compétent, aux attaques habiles et véhémentes du ministère public.

Dans la même séance, après cette sortie contre les avocats, Bonaparte insistait sur la nécessité des tribunaux d'exception. « Il serait nécessaire aussi d'organiser des tribunaux d'exception pour connaître des délits commis par des individus non domiciliés, ou réunis en bandes. La répression de pareils accusés est au-dessus de la force des jurés. Ils se laisseraient trop facilement intimider. Il est même possible que la crainte ne séduise leurs consciences et ne les dispose à donner plus de poids aux vaines excuses des accusés. Les tribunaux d'exception ne peuvent être dangereux lorsque la Cour de cassation prononce sur leur compétence » (P. 47, t. 24, Locré).

§ 2. — *Bonaparte et les avocats.*

Telles sont les conditions dictées par Bonaparte aux défenseurs du jury dans la séance du 16 prairial. Dans les séances qui suivront, il en imposera de nouvelles. Arrêtons-nous aux premières. Bonaparte donc n'aimait pas les avocats : travers commun à tous les militaires. Hommes d'action, les hommes de parole leur déplaisent. Mais Bonaparte avait contre les avocats des griefs tout particuliers, personnels même. Il se rappelait brumaire, et, ce jour-là, ces hommes de parole qu'il écrasait de son mépris l'avaient fait trembler. Lui, le vainqueur des Pyramides, appuyé de la force armée, il avait pâli un instant devant eux. C'étaient encore des hommes de parole qui composaient le Tribunat, et Bonaparte n'avait pas oublié que dans maintes circonstances, et notamment dans la discussion de la loi de pluviôse an IX (février 1801) sur les tribunaux d'exception, ils lui avaient hardiment tenu tête. De là chez lui l'intention bien arrêtée de prendre sur eux une revanche. Que ce fût aux dépens des accusés, des innocents, peu lui importait. Il exigea donc du conseil que la question de savoir si les avocats conserveraient le droit de plaider devant les assises fût mise en délibération. Pas un des membres du conseil ne voulut soutenir une proposition de cette nature, dictée du reste par une antipathie professionnelle, à laquelle s'ajoutait un sentiment mesquin de rancune personnelle. Treilhard, Berlier, Siméon lui-même la combattirent. Ils n'eurent pas de peine à démontrer que la suppression des avocats serait désastreuse pour l'accusé ; que bien souvent il en résulterait des condamnations injustes ; que les avocats de profession peuvent seuls discuter les questions de droit toujours soulevées par les procès criminels ; que d'ailleurs cette exclusion serait sans effet , attendu que l'accusé présenterait lui-même sa défense, et que cette défense serait préparée et écrite à l'avance par un homme de loi (P. 91, t. 24, Locré).

Ces considérations, appuyées par l'unanimité du conseil, forcèrent Bonaparte à retirer sa proposition. Les avocats furent maintenus. Mais en retour et comme compensation Bonaparte demanda que le gouvernement ne restât pas désarmé contre ce qu'il appelait leurs incartades. D'après lui, dans certaines causes qui probablement touchaient de près à la politique, les avocats auraient parlé du gouvernement en termes qu'il estimait très irrévérencieux, et les présidents des assises n'avaient pas réprimé avec toute la promptitude et la sévérité voulues ce manque de respect (P. 92, t. 24, Locré). Le retour de pareils écarts ne sera évité qu'en enlevant du moins dans une certaine mesure aux présidents la police de l'audience. Vivant auprès des défenseurs, ces magistrats sont portés à trop de complaisance. Au conseil d'Etat seul doit être désormais dévolu le droit de surveiller les plaidoiries, de réprimer et au besoin d'en interdire l'auteur (P. 92 et 52, t. 1, Locré). Une proposition de cette nature, outre qu'elle était rigoureuse, présentait dans la pratique des difficultés auxquelles Bonaparte n'avait pas songé. Le président des assises peut seul être juge impartial en pareil cas : la défense, quelque modéré que soit l'avocat, sera toujours en raison de l'attaque. Si le ministère public a été agressif, le défenseur gardera difficilement la mesure ; sa riposte sera vive ; et lui en faire un crime serait excessif. Le président, les ayant entendus l'un et l'autre, est seul à même d'apprécier si les vivacités du second ne sont pas justifiées par les provocations imprudentes du premier. D'ailleurs investir le conseil d'Etat d'une compétence quelconque en pareille matière, c'était rendre le gouvernement juge et partie dans sa propre cause. Composé de membres désignés par l'Empereur, et révocables à son gré, le conseil pouvait-il traiter avec impartialité un avocat traduit devant lui par un ministre sur les ordres ou du moins avec l'approbation de l'Empereur lui-même ? Qu'une proposition aussi tyrannique eût trouvé place dans nos Codes, et l'avocat le plus courageux n'eût jamais osé se charger d'un procès politique. Heureusement et grâce à la résistance du conseil, elle fut repoussée. C'est au tribunal saisi de l'affaire que le décret de 1810, relatif à l'ordre des avocats, attribua la compétence disciplinaire.

§ 3. — *Les tribunaux d'exception.*

Bonaparte fut plus heureux et le conseil moins énergique sur les tribunaux d'exception. La section de législation (P. 106, t. 24, Locré) les avait formellement condamnés : elle y voyait un moyen détourné, hypocrite, dont on userait trop souvent pour enlever le prévenu à ses juges naturels. L'avis de la section fut défendu par Treilhard dans la séance du 19 juin 1804. D'ailleurs, ajouta Treilhard, ces tribunaux existent ; leur existence, il est vrai, n'est que temporaire : aux termes de la loi de l'an IX, ils doivent disparaître deux ans après la paix. Ne valait-il pas mieux s'en tenir là ? Avant deux ans, le jury, grâce à une organisation nouvelle, aura rempli toutes les espérances et donné satisfaction même à ses détracteurs. Dans ce cas, les tribunaux spéciaux, devenus inutiles, seront supprimés et on rentrera dans le droit commun. Des observations à peu près analogues avaient déjà été présentées par Berlier dans la séance du 5 juin. Berlier même, dans la crainte qu'il avait des juridictions exceptionnelles permanentes, en vint jusqu'à proposer une mesure, bien arbitraire sans doute, mais cependant moins rigoureuse, la formation accidentelle de tribunaux spéciaux, institués par décret, mais temporairement, et pour statuer sur certains crimes limitativement énumérés. « Si les circonstances l'exigent, disait Berlier, si les crimes se multiplient, si les jurés, terrifiés par les menaces des assassins ou de leurs amis, hésitent à les frapper, pourquoi le gouvernement n'userait-il pas exceptionnellement des pouvoirs que lui confère la Constitution ? Pourquoi ne suspendrait-il pas temporairement dans les départements infestés la procédure par jurés ? L'institution à titre permanent de tribunaux d'exception, outre qu'elle est dangereuse, est donc inutile. Le gouvernement est suffisamment armé par la Constitution contre toutes les éventualités qui peuvent surgir » (P. 47, t. 24, Locré).

Toute mesure arbitraire est détestable, fût-elle prise en vue de circonstances spéciales, et limitée dans sa durée. Mais entre deux mesures dont l'une consacre à jamais l'arbitraire, et dont l'autre ne l'autorise que timidement, à regret pour quelques jours, la seconde est un mal bien moindre. Une loi inique et cependant permanente est d'un exemple funeste : la loi est pour les masses l'expression vivante de l'idée du juste. Est-elle mauvaise, les consciences s'étonnent, doutent, se corrompent ; toute moralité disparaît. La même loi, si elle n'est que temporaire, porte en elle-même et dans ce caractère passager un correctif salutaire : le législateur, en ne l'établissant que pour un temps, met pour ainsi dire les esprits en garde et les prévient de ne pas voir dans une institution aussi éphémère une expression quelconque de l'idée éternelle du juste. Les esprits subissent donc cette loi à regret, en protestant, comme un traitement héroïque et d'un effet douteux. La notion de moralité n'est pas atteinte. C'est une loi de cette nature que proposait Berlier à titre de transaction.

Bonaparte la repoussa. « Sa Majesté dit que la plupar de ceux qui ont voté le maintien du jury, et notamment elle-même, n'ont été déterminés que par la certitude qu'il existerait des tribunaux d'exception. » Les tribunaux de cette nature sont indispensables : le jury, quelque organisation qu'on lui donne, sera toujours impuissant pour réprimer certaines catégories de malfaiteurs. « On ne peut se dissimuler que, dans beaucoup de cas, le jury ne déploie pas assez de fermeté pour qu'on puisse se flatter que seul il remédiera à tous les désordres. Il est certain par exemple qu'il acquitte tous ceux qui se sont rendus coupables d'attentats contre la gendarmerie, et cependant il ne faut que deux ou trois jugements de cette espèce pour dépouiller ce corps utile de toute sa force morale » (P. 106, t. 24, Locré).

Les exigences de Bonaparte l'emportèrent. Les tribunaux d'exception furent votés. Ce vote amoindrissait considérablement le jury : le conseil ne l'ignorait pas, mais que faire ? Entre la suppression radicale de cette procédure et la restriction de sa compétence, le conseil ne crut pas devoir hésiter, et il eut raison.

4. — *Bonaparte fait admettre que la simple pluralité suffira pour opérer condamnation.*

Dans la séance du 12 juin 1804 (23 prairial an XII) Bonaparte poursuivit sa campagne et ses succès contre le jury. Il s'agissait de savoir combien de voix seraient nécessaires pour la condamnation de l'accusé. De toutes les questions ayant trait au jury, c'était peut-être la plus importante. Diverses opinions furent émises. La commission, s'inspirant de l'exemple de l'Angleterre, exigeait l'unanimité ; la section de législation, moins libérale, comprenant d'ailleurs que l'avis de la commission ne prévaudrait jamais contre les intentions bien connues

Bonaparte, proposa comme transaction la majorité des deux tiers, mais ajouta qu'on ne pouvait demander moins sans enlever toute autorité aux décisions du jury, et sans compromettre le sort de l'accusé. « Qu'on ne croie pas, disait Berlier, que la section, en proposant la majorité des deux tiers, ait cédé à un sentiment d'humanité mal entendu ; l'exemple de l'Angleterre, celui de la Constituante, enfin la proposition des rédacteurs du Code criminel, tendant au vote unanime, lui faisaient craindre d'être trop sévère. La section a sais le juste milieu » (P. 60, t. 24, Locré).

Bonaparte, au nom de l'intérêt social, combat à la fois la section et la commission. « Le nom d'humanité ne convient pas à cette molle indulgence qui, en sauvant les coupables, expose les hommes de bien à leurs attentats. » L'adoption d'un pareil système aurait des conséquences déplorables : l'audace des malfaiteurs, encouragés par l'impunité, obligerait le gouvernement à recourir à des remèdes extrêmes, devant lesquels du reste il ne reculerait pas. « Une loi qui, en rendant la chance de l'absolution trop favorable, assurerait au crime l'impunité, aurait en politique des conséquences funestes. Elle amènerait la tyrannie : les désordres n'étant pas réprimés par une justice criminelle assez ferme, le gouvernement, dont le premier devoir est de maintenir l'ordre public et la société commune, serait forcé de prendre des mesures extraordinaires pour empêcher qu'ils ne fussent pas troublés par des scélérats auxquels les tribunaux auraient indistinctement rendu la liberté » (P. 57, t. 24, Locré). Et il conclut en demandant la majorité pure et simple.

Treilhard et Berlier d'objecter que le système de la majorité des deux tiers est suffisamment rigoureux ; que d'ailleurs le jury n'est pas infaillible ; que la simple majorité ne donnait pas à sa décision un caractère suffisant de certitude ; et que cette certitude était indispensable, lorsqu'il s'agissait de la vie d'un prévenu.

Pure sentimentalité ! répond Bonaparte. Le jury commettait une erreur ; il envoyait un innocent à l'échafaud. Y avait-il là de quoi s'indigner, s'alarmer ? De là ces paroles froidement cruelles et que nous avons déjà citées : « Tout système qui repose sur le principe que l'évidence seule doit déterminer les jugements criminels est pure idéologie. Dans ces matières, on ne peut se décider que d'après des probabilités » (P. 60, t. 24, Locré).

Berlier et Treilhard reviennent à la charge : « Mais encore faut-il que ces probabilités soient sérieuses. Or, en est-il ainsi avec le système de la simple pluralité des voix ? Sur douze jurés, sept se prononcent pour la culpabilité ; cinq pour l'innocence. Des sept voix contre, cinq étant neutralisées, il en reste deux pour la condamnation. Et c'est sur des présomptions aussi faibles qu'on enverrait un innocent à la mort ? »

Bonaparte a un moyen tout prêt pour prévenir une pareille iniquité. Le tribunal, s'il estime que le jury s'est trompé, demandera à l'Empereur la grâce du condamné.

Remède illusoire ! Comment espérer qu'un tribunal se montrera plus indulgent que le jury? «L'accusé, dit Treilhard, ne trouva jamais une garantie bien sérieuse dans le secours que le procureur général qui est son accusateur, et les trois juges qui forment le tribunal, pourront lui prêter contre la décision injuste des jurés. »

Relativement aux lettres de grâce, M. Treilhard ajoute qu'un innocent préférera toujours une absolution juridique. « La grâce lèvera la peine; mais la flétrissure restera. »

Protestation vaine! L'homme qui faisait si bon marché de la vie des prévenus, se préoccupait médiocrement de leur honneur. En dépit des résistances de Treilhard et de Berlier, le système de la section et celui de la commission furent écartés, et le conseil, dominé par l'influence de Bonaparte, adopta en principe que la simple majorité des suffrages suffirait pour opérer condamnation.

La discussion sur les principes généraux du Code criminel étant épuisée, 30 prairial an XIII (19 juin 1804), le conseil aborda la discussion des articles. Bonaparte, ainsi que nous l'avons indiqué, y intervint rarement, deux ou trois fois tout au plus; nous y reviendrons du reste. Mais n'anticipons pas. Bonaparte donc pendant près de trois mois laissa à Cambacérès la présidence du conseil. Il la reprit le 1er brumaire an XIII (23 octobre 1804). Le conseil avait presque terminé le Code : tous les articles étaient rédigés. Restait à étudier le système qui serait chargé de mouvoir cette œuvre, de la mettre pour ainsi dire en marche, d'en faire l'application. En d'autres termes, l'organisation judiciaire était à l'ordre du jour. Les alarmes des partisans du jury recommencèrent; ils n'avaient pas oublié les conditions que Bonaparte leur avait signifiées : le jury,

avait dit le maître, ne sera maintenu que s'il est possible de
l'adapter à la nouvelle réforme judiciaire. Or, cette adaptation
leur paraissait bien difficile avec le projet de réforme présenté
et soutenu par Bonaparte lui-même.

§ 5. — *Attaques nouvelles contre le jury. Le système de Bonaparte sur la réunion des deux justices est repoussé; le jury
maintenu.*

Bonaparte, en effet, avait sur la matière des idées arrêtées : la
magistrature selon lui manquait de ressort : il fallait la centraliser. L'organisation judicaire de la Constituante ne lui inspirait que de la méfiance, on le conçoit. La Constituante, se rap-
pelant les abus de pouvoir de l'ancien régime, et résolue à en
prévenir le retour, avait voulu doter la France d'une magistrature complètement indépendante du pouvoir central. Elle avait
estimé qu'avec des magistrats nommés par le pouvoir et relevant de lui cette indépendance n'existerait jamais. Aussi
s'en était-elle remise au suffrage populaire pour le mode de
recrutement judiciaire. Les juges étaient élus. La Constituante,
craignant en outre que le juge ne fût détourné de ses stricts
devoirs d'impartialité par la perspective des récompenses, par
les espérances de l'avancement, n'établit sur tout le territoire
qu'une seule classe de tribunaux : tous les magistrats étaient
égaux. Libres de toute attache vis-à-vis du pouvoir central, ils
ne pouvaient être destitués que pour cause de forfaiture judi-
ciairement constatée.

Ainsi donc l'indépendance du juge, tel est le principe dont
s'inspirèrent nos pères, les constituants de 91, et qui fut la
base et comme la pierre angulaire de leur système : principe
salutaire, et auquel nos législateurs, qu'ils le veuillent ou non,
seront obligés de revenir, le jour où le pays, lassé de leurs
atermoiements et de leurs rivalités stériles, les forcera à aborder
sérieusement, et avec injonction d'aboutir, la réforme de notre
organisation judiciaire.

Pour Bonaparte, il s'inspira du principe contraire. La Constituante avait dit : « Je veux des juges indépendants. » « Je
veux des juges à moi, » dit Bonaparte.

Ainsi l'exigeait du reste son système politique. Tout despotisme est impuissant avec une magistrature libre. Un chef

d'Etat, quelle que soit sa popularité, ne peut rien, s'il doit, avant de porter la main sur un citoyen suspect, obtenir l'autorisation de tribunaux indépendants. Bonaparte le comprenait. Une magistrature dévouée lui était indispensable. Résolu de bonne heure à en finir avec les républicains, il fallait qu'il pût compter sur le zèle et la complicité des tribunaux. Les juridictions exceptionnelles, les décrets de déportation étaient des mesures extrêmes qui irritaient l'opinion et dont il était sage de ne pas abuser. Il était plus prudent, plus politique d'arriver au même résultat par le cours normal et régulier des choses, en donnant à la magistrature une organisation telle que le gouvernement pût désormais compter sur son concours.

Pour cela, il fallait enlever au magistrat son indépendance, en faire un fonctionnaire choisi par le pouvoir, relevant de lui, et obligé de se tourner vers lui pour obtenir distinctions, avancement, récompenses. Ce n'est pas tout : il fallait que le magistrat fût surveillé, contrôlé, stimulé par un agent direct du pouvoir central, le procureur général. Il fallait enfin que le procureur général fût à son tour surveillé, stimulé par un haut fonctionnaire d'un ordre différent, un fonctionnaire qui personnifierait mieux encore que le procureur la politique du gouvernement, en un mot, par le préfet.

Un premier pas, le plus grand peut-être dans cette déplorable voie, avait été fait le lendemain même du coup d'Etat de brumaire. Nous voulons parler de la loi du 27 ventôse an VIII. Cette loi, en investissant le Premier Consul du droit de nommer lui-même tous les juges, sauf les juges de paix, mettait les tribunaux dans sa main. Par l'institution des cours d'appel et le système des classes diverses entre les tribunaux de première instance, elle faisait luire devant les juges les séductions corruptrices de l'avancement. La magistrature, dès ce jour, cessa d'être un sacerdoce : elle devint une fonction.

Et cependant Bonaparte n'était pas satisfait : les graves réformes de la loi de ventôse n'avaient pas rempli son attente ; les tribunaux étaient impuissants. Etrange phénomène que cet homme ! Tous les magistrats étaient nommés par lui : d'un mot, d'un trait de plume, il pouvait les briser. Ajoutez à ce pouvoir exorbitant les rigueurs des tribunaux spéciaux établis par la loi de nivôse. Cependant, à entendre Bonaparte, la société était désarmée ; l'ordre public, en péril ;

le gouvernement, sans force contre les malfaiteurs. La loi de ventôse avait laissé subsister cent tribunaux criminels, un par département. Chaque tribunal était composé de trois juges, un président et deux assesseurs. Le ministère public y était représenté par un procureur, et un substitut qui portait le nom de magistrat de sûreté. Chaque tribunal avait, en outre, un juge instructeur. Les procureurs étaient indépendants les uns des autres : ils correspondaient directement avec le ministre de la justice.

Or, disait Bonaparte, une pareille organisation ne saurait donner à la justice l'énergie, la promptitude qu'exige la répression des crimes et des délits. Les procureurs sont trop isolés, trop loin du pouvoir central. Dans le doute, alors qu'ils devraient en référer au ministre de la justice, et lui demander son avis sur l'opportunité des poursuites, ils préfèrent s'abstenir. Aussi les crimes restent impunis. Les procureurs sont beaucoup trop circonspects, trop indulgents à l'égard des hommes qui leur sont dénoncés, ou que l'opinion publique désigne comme coupables. Ces hommes, à moins que des charges accablantes ne pèsent sur eux, ne sont jamais inquiétés. Et comment en serait-il autrement? Le ministère public devrait se sentir soutenu, stimulé, et il ne l'est pas. Quant aux tribunaux, ils n'ont aucune autorité. D'abord les juges ne sont pas assez nombreux. Trois magistrats ne sauraient avoir cette considération d'où les tribunaux tirent leur force morale. En second lieu, ils sont dominés par les avocats, qui n'ont pas pour eux la déférence qu'ils ont pour les juges civils devant lesquels ils plaident plus souvent et qu'ils ont intérêt à ménager.

Après avoir exposé le mal, Bonaparte indique le remède. Selon lui, il faut d'abord augmenter le nombre des juges criminels; il faut en outre réunir les deux justices jusqu'alors séparées. Les mêmes magistrats seront appelés à siéger à tour de rôle dans les chambres civiles et criminelles. La connaissance du droit civil, jointe à celle du droit criminel, augmentera leur prestige. Les avocats auront pour eux plus de déférence : ils craindront que le magistrat dont ils ont blessé la dignité dans un procès criminel, ne leur fasse expier plus tard dans un procès civil les hardiesses inconvenantes qu'ils se seront permises.

Bonaparte concluait en disant : « Que tout cela ne s'obtiendrait que par la formation de grands corps judiciaires, forts de la considération que donne la science du droit civil, forts de leur nombre, au-dessus des craintes et des considérations particulières ; qui feront pâlir les coupables quels qu'ils soient, et communiqueront leur énergie au ministère public » (P. 418, 419, t. 24, Locré).

« L'essentiel, disait-il encore, est de relever le caractère du juge criminel en y ajoutant celui de juge civil, et d'organiser de grands corps de magistrats, qui donnent la vie et le mouvement à la justice, surtout aux extrémités de l'empire ; qui, lorsque les agents de l'empereur, trahissant ses intentions, ne font pas leur devoir, les mandent et leur ordonnent de poursuivre. Alors seulement les coupables ne jouiront pas d'une impunité scandaleuse ; elle n'existe aujourd'hui que parce que la justice locale n'est pas assez forte, et que le ministère public, lorsqu'il néglige de poursuivre, ne peut être mis en action que par les ordres directs du gouvernement » (P. 424, t. 24, Locré).

En résumé, institution de cours impériales, et près de chaque cour un procureur général, ayant sous ses ordres directs tous les procureurs et substituts de son ressort ; au-dessus ou plutôt à côté du procureur général, un préfet, fonctionnaire de l'ordre administratif, chargé de le surveiller : tel était le système de Bonaparte.

Les conseillers Oudart, Treilhard, Berlier, Target, le combattirent énergiquement. A quoi bon augmenter le nombre des juges criminels? Ils n'ont pas à prononcer sur le fait ; ils ne font qu'appliquer la loi ; ils sont les serviteurs du jury. Mais un juge unique suffirait pour remplir ce rôle. Du reste, n'est-il pas reconnu que, dans le système actuel, les deux juges qui assistent le président ne jouissent d'aucune considération, par la raison que leur ministère est nul? N'est-il pas à craindre que cette augmentation ne rende les juges moins circonspects? Un tribunal nombreux commet un abus : comment découvrir le coupable? Rendre la responsabilité collective, c'est la supprimer. Que parle-t-on, d'ailleurs, de considération? On prétend la grandir en augmentant le nombre des juges. Mais cette assertion est démentie par l'expérience du passé : les chambres des comptes, les cours des monnaies étaient très nombreuses ; et cependant elles n'ont jamais pu se concilier le respect des citoyens. C'est que la considération ne dépend pas du nombre, mais des qualités personnelles, de la vertu, de l'impartialité, de la stricte observation de ses devoirs. Installer dix juges pour appliquer une loi claire que trois appliqueraient tout aussi bien, c'est créer des emplois inutiles, c'est jeter le ridicule sur ceux qui seront appelés à les remplir : des juges sans ministère ne sauraient être des juges considérés. Enfin, et c'est là surtout la raison capitale de leur opposition, ils repoussent le système, parce qu'on veut arriver à la suppression du jury.

Bonaparte s'en défend : « Si l'on voulait revenir sur le maintien du jury, on l'aborderait franchement. Mais cette question est décidée, et Sa Majesté a partagé l'opinion de ceux qui pensent que le jury doit être maintenu » (P. 422, t. 24, Locré).

Mais Berlier et Treilhard doutent de la sincérité de cette déclaration. L'aversion de Bonaparte contre le jury ne leur était que trop connue. Bonaparte, du reste, avait soin de le leur rappeler : « On peut se demander, disait-il dans la séance du 8 brumaire (30 octobre) (p. 444, t. 24, Locré), pourquoi des individus sans talent et sans connaissances décident, seuls, du sort des accusés en présence de juges instruits et exercés qui se trouvent réduits à un rôle passif? » De semblables paroles n'étaient pas de nature à rassurer les partisans du jury. Treilhard et Berlier n'avaient pas oublié, en outre, que Bonaparte avait déclaré n'accepter le jury que provisoirement et sous réserve qu'il pourrait être adapté à son projet de réorganisation judiciaire. Or, ce projet tel que Bonaparte l'avait conçu, ne pouvait que les confirmer dans leurs soupçons. On n'avait pas encore songé à l'institution des assises, aujourd'hui en vigueur, ou plutôt on y avait songé, mais pour y renoncer. Ce système de magistrats, partant du siège de la cour et allant à diverses époques de l'année rendre la justice criminelle dans les départements du ressort, avait été repoussé par le conseil. Il avait été résolu que les tribunaux criminels seraient sédentaires (30 prairial an XII — 19 juin 1804) ; or, dans le projet de Bonaparte, les cours impériales seules devaient être chargées de la justice criminelle. De là, au point de vue des frais, de l'instruction et de la prompte expédition des affaires, des inconvénients multiples. « Comment, disait Treilhard, transporter sans des frais énormes et sans faire languir les affaires, les accusés, les témoins, les jurés de sept ou huit départements aux chefs-lieux des cours d'appel? Comment vaincre la répugnance des témoins pour se rendre quelquefois à cinquante lieues de leur domicile, la répugnance même des jurés à se prêter à un si long déplacement? Se dispensera-t-on d'entendre les témoins absents? Ce serait égorger l'accusé » (P. 420, t. 24, Locré).

Les mêmes critiques avaient été présentées par Oudart : « Le système proposé obligerait de transporter les accusés à de grandes distances, ce qui leur faciliterait les moyens de s'évader : il mettrait également les jurés, les témoins, les parties civiles, dans la nécessité de se déplacer, nécessité qui, en fatiguant les citoyens, les dégoûterait de la procédure par jurés, et qui chargerait le trésor public de frais considérables » (P. 472, t. 24, Locré).

Inutile d'insister sur la justesse de cette argumentation. Les déplacements, à cette époque, étaient difficiles ; les communications rapides n'existaient pas ; les chemins de fer n'avaient pas été créés. Bien plus que de nos jours, il était nécessaire de rapprocher la justice du justiciable. La centraliser dans quelques tribunaux, ce n'était pas lui donner plus de ressort, c'était l'entraver et la rendre impossible.

Aux objections de Treilhard et d'Oudart, Bonaparte avait une réponse toute prête : on évitera l'ennui des déplacements et l'augmentation des frais en prenant le jury sur les lieux : en outre, on augmentera la compétence des tribunaux correctionnels ; on instituera des tribunaux d'exception : ce qui diminuera d'autant le nombre des affaires soumises au jury. Enfin, si ces remèdes ne suffisaient pas, on autorisera la section criminelle de la cour à se transporter exceptionnellement dans les départements trop éloignés (P. 444, t. 24, Locré).

Remèdes terribles et qui ne tendaient à rien moins qu'à ruiner l'institution des jurés ! La situation des partisans de cette procédure était difficile : Bonaparte avait son siège fait. Force leur fut donc de recourir à une transaction, d'imaginer une combinaison qui conciliât leurs idées et celles de Bonaparte, la réunion des deux justices et le maintien du jury.

Berlier espéra l'avoir trouvée : « Conformément aux désirs de Sa Majesté, les magistrats civils et criminels ne formeraient qu'un seul corps. Mais, parmi eux, on prendrait successivement des juges qui iraient tenir des assises périodiques au chef-lieu de chaque département. Il en résulterait une économie de frais pour transport des témoins, des accusés; en outre les jurés n'auraient pas trente ou quarante lieues à faire pour remplir un ministère gratuit. De cette manière, ajoute Berlier, l'institution du jury ne serait pas compromise » (P. 446, t. 24, Locré).

La combinaison de Berlier ne diffère en rien de celle qui prévalut définitivement au sein du conseil en 1808 : c'est l'organisation judiciaire encore en vigueur. Treilhard, voyant dans la combinaison un moyen de sauver le jury menacé, s'y rallie avec empressement. Il fait plus : si elle est adoptée, il ne s'opposera plus à l'augmentation du nombre des juges : « La section criminelle de la cour, dit-il, pourra au besoin se transporter tout entière sur les lieux. »

Concessions vaines ! La combinaison de Berlier rappelait le système très pratique, mais déjà condamné, des préteurs ambulants : elle fut rejetée à son tour. Les idées de Bonaparte l'emportèrent. Il fut décidé que les justices civile et criminelle seraient rendues par les mêmes tribunaux ; que ces tribunaux seraient sédentaires, que néanmoins, dans le cas de nécessité absolue et en vertu d'un décret impérial, la section criminelle pourrait aller tenir des assises hors des lieux où siège le tribunal (P. 452, t. 24, Locré).

L'adoption d'un pareil système produisit un vif émoi dans les départements. L'opinion s'alarma, et les alarmes furent si vives que Bonaparte, malgré sa toute-puissance et son opiniâtreté bien connue, dut retirer son projet. Voici comment s'opéra le retrait. Ce mouvement d'opinion est curieux à signaler : c'est peut-être le dernier qui se manifesta sous l'Empire : assurément, c'est le seul devant lequel Bonaparte ait cru devoir s'incliner. Toujours en marche ascendante vers le despotisme le plus absolu, il n'en est pas encore arrivé au dernier degré de mépris pour l'opinion publique : il l'atteindra bientôt. Mais revenons à notre sujet.

Voici dans quelles conditions s'opéra le retrait. La cérémonie du sacre venait d'avoir lieu. A cette solennité avaient été conviés les présidents de cour et les procureurs généraux de province. Le ministre de la justice voulut avoir leur avis sur le projet de réunion déjà adopté par le conseil d'État : il les

manda auprès de lui dans son cabinet. Leur réponse fut tout
autre que celle qu'on espérait, et surtout qu'on désirait. Loin
de Paris, ces magistrats avaient échappé dans une certaine
mesure à l'influence de Bonaparte. Bonaparte du moins n'avait
pu exercer sur eux cette action personnelle qu'il exerçait sur
leurs collègues en résidence près de lui. Ils osèrent parler librement, et par leur langage donnèrent le démenti le plus formel
aux accusations solennelles portées quelques mois auparavant
contre le jury par le président de la Cour de cassation et le ministre de la justice. Il est inutile de revenir sur ces accusations.
Rappelons seulement que, d'après ces hauts personnages, la procédure par jurés avait produit des résultats déplorables, et qu'il
était urgent de la supprimer, ou tout au moins de la transformer.
On pourrait, sans être taxé de malveillance, suspecter la sincérité d'un pareil langage, et y voir surtout une intention secrète
et peu avouable de complaire à Bonaparte. Nous ne le ferons
pas : nous admettons que le ministre de la justice et le président de la Cour de cassation étaient sincères. Mais on avouera
d'autre part que les renseignements qu'ils fournissaient sur le
fonctionnement du jury étaient puisés à des sources bien suspectes : légèreté inexcusable surtout chez le ministre. Les seules
personnes compétentes, à savoir les présidents des cours et les
procureurs généraux, avaient-elles été consultées? Il est permis
d'en douter. Quoi qu'il en soit, quelques mois après, ces mêmes
présidents et procureurs invités, non par lettre, mais verbale-
ment, par le ministre lui-même à exposer leur avis sur le jury,
se prononcèrent nettement et unanimement pour son maintien.
Cette institution devait être conservée à tout prix. La direction
qu'elle avait prise était excellente. Les crimes diminuaient,
et les citoyens n'éprouvaient aucune répugnance à remplir ces hautes fonctions judiciaires (P. 509, 510, t. 24,
Locré). Quant au système de la réunion des deux justices,
les magistrats ne le repoussaient pas en principe. Mais, tel
que le conseil l'avait adopté, ils le considéraient comme
incompatible avec le maintien du jury. En effet, prendra-t-on
les jurés sur tous les points du ressort indistinctement?
Ceux qui sont très éloignés ne viendront pas. Les prendra-t-
on exclusivement sur les lieux ? Ce sera dénaturer l'institution. Mêmes difficultés relativement aux témoins. Comment
les faire venir de trente ou quarante lieues et quelquefois

même plus ? La dépense serait énorme. Il se produirait des absences, lesquelles forceraient les juges à remettre les sessions; inconvénient très grave surtout dans une matière qui exige de la célérité. Enfin beaucoup de magistrats virent dans le système adopté un danger plus grand encore que la suppression du jury : ce système, disaient-ils, aboutira fatalement à la suppression de l'instruction orale et des débats publics. Les témoins ne venant pas, force sera à la justice d'aller à eux, et de recueillir les dépositions à domicile. La procédure redeviendra secrète; la confrontation sera impossible. Ainsi seront indirectement rétablies les pratiques détestables de l'ancien régime (P. 510, 511, t. 24, Locré).

Ces craintes si légitimes, émanant de personnages si autorisés, produisirent une vive impression sur le conseil. Forts de ce secours inattendu, Treilhard et Berlier revinrent à la charge; leurs adversaires se défendirent mollement; le ministre de la justice lui-même, désarmé par les réponses des procureurs et des présidents, renonça à la lutte. Bonaparte dut retirer son projet. Il fut décidé que les justices civile et criminelle continueraient à être rendues par des tribunaux différents. Cette importante résolution fut prise dans la séance du 29 brumaire an XIII (20 novembre 1804). C'est ainsi que fut sauvée l'institution du jury; elle en fut redevable à la ténacité courageuse de Treilhard et de Berlier, mais surtout au grand mouvement d'opinion qui se produisit en sa faveur; victoire d'autant plus mémorable que sous l'Empire l'opinion publique eut rarement le dernier mot.

Il était facile de prévoir, après cette séance du 29 brumaire, que les délibérations du conseil d'Etat ne tarderaient pas à être suspendues. Bonaparte, en effet, ne voulait pas tant reviser notre législation criminelle que refondre, selon des idées qui lui étaient personnelles, l'organisation judiciaire. Ces idées ayant été écartées, la revision n'avait plus d'objet pour lui. Le conseil ne tint plus que trois séances, dont la dernière le 29 frimaire an XIII (20 décembre 1804). Quelques jours après, la discussion était ajournée.

CHAPITRE III

§ 1. — *Pourquoi Bonaparte demande-t-il que toutes les sections de la cour puissent au besoin se réunir pour statuer ? Ses idées sur le ministère public, sur la confiscation.*

Nous venons de voir quelles étaient les idées de Bonaparte sur le jury et sur l'organisation judiciaire. Les autres questions qui furent soumises à cette époque à la délibération du conseil d'Etat, n'avaient pour lui qu'une importance secondaire. Aussi furent-elles examinées et résolues hors de sa présence. Quelques-unes cependant, à savoir le rôle du ministère public, la réunion de toutes les chambres d'une même cour, et enfin la confiscation, furent discutées devant lui, ce qui lui permit d'intervenir, et d'émettre au cours des débats certaines opinions qui méritent d'être signalées.

Prenons d'abord la séance du 6 novembre 1804 (15 brumaire an XIII). Toujours poursuivi par cette idée que l'autorté d'un tribunal est en raison directe du nombre des juges, Bonaparte propose au conseil d'autoriser toutes les chambres d'une même cour à se réunir, lorsque l'importance de l'affaire l'exigera. « Un jugement rendu par trente juges a, dit-il, un caractère plus formel et fait plus d'impression sur les esprits qu'un jugement rendu par un petit nombre. Or, il est des circonstances et des événements où la justice ne saurait avoir trop de force. Au reste, on peut fixer le cas où la réunion serait permise, et l'autoriser, par exemple, à raison du nombre des accusés ou de l'intérêt de l'affaire » (P. 464, t. 24, Locré).

Il y avait dans cette proposition une grave atteinte à ce principe éminemment respectable, que les juges doivent être les mêmes pour tous les crimes de même nature. C'est ce que fit observer Target. De deux personnes poursuivies, l'une comparaîtra devant huit juges ; l'autre devant trente : pourquoi cette différence ? L'accusé n'aura-t-il pas le droit de se plaindre et de dire qu'on a voulu le soustraire à ses juges naturels ? Lorsqu'il s'agit de la vie des hommes, il importe que le nombre et la qualité des juges soient bien déterminés. L'ordre social n'a plus toutes ses garanties si le tribunal n'est pas d'avance organisé d'une manière fixe, et s'il dépend de ses membres de juger à tel ou tel nombre intégralement ou partiellement.

A quoi bon d'ailleurs trente juges? Ce sont les jurés qui prononcent sur le fait : le reste, l'application de la peine, est l'œuvre de la loi elle-même. Il est vrai que, dans le nouveau Code, les juges auront une certaine latitude dans cette application : ils pourront se mouvoir entre un minimum et un maximum. Mais les huit juges de la section criminelle suffiront largement pour un ministère de cette nature. On objecte que les jurés ne sont pas infaillibles ; mais qu'est-il besoin de trente juges pour rectifier leur erreur? Quant à la police de l'audience, elle dépend non du nombre des magistrats, mais de la fermeté du président (P. 466, t. 24, Locré).

Ces observations si justes ne persuadèrent pas Bonaparte. A vingt accusés il voudrait pouvoir opposer vingt juges. C'est la théorie des gros bataillons transportée de la guerre dans l'administration de la justice. En toute matière, Bonaparte est d'avis qu'il faut procéder par masses. Dans le criminaliste on sent l'homme de guerre. « Les jurés du reste, abandonnés à eux-mêmes, et sans le secours d'un tribunal nombreux, seraient, dit-il, intimidés ; les avocats habiles les subjugueraient. » On aurait pu lui répondre qu'un avocat est tout aussi habile devant trente juges que devant huit. « Ce danger, ajoute-t-il, se présentera surtout si l'accusé est un homme considérable, puissant par ses relations, ses amitiés. Le moyen de le conjurer est de réunir toutes les sections. La cour aura plus de force pour contenir les avocats. Les juges par leur attitude témoigneront qu'ils ne sont pas dupes des habileté de la défense. Les jurés en seront raffermis : inflexibles devant la terreur, insensibles à la pitié, ils statueront librement et avec équité » (P. 487, t. 24, Locré).

Étrange idée que se fait Bonaparte des devoirs du juge criminel ! L'impartialité la plus absolue, voilà ce que recommandent à ce magistrat les criminalistes les plus autorisés : impassible comme la loi, il doit veiller avec le plus grand soin à tenir la balance égale entre l'attaque et la défense, entre le ministère public et l'avocat. D'après Bonaparte au contraire, ce magistrat pourra, devra même au besoin laisser voir ses sentiments, et par sa contenance donner à entendre aux jurés que le ministère public seul est véridique, et que l'avocat a menti. Il est à désirer pour les prévenus que les juges criminels comprennent et

remplissent autrement la haute mission dont ils sont investis.
Ce n'est pas tout que de soustraire le jury aux influences extérieures et aux mouvements irréfléchis de l'opinion : il faut
aussi le prémunir contre une influence non moins dangereuse,
celle des juges et des procureurs, trop portés à être sévères.
Bonaparte pensait le contraire, et ne voulait dérober le jury à
la pression de la foule que pour le placer sous celle du tribunal.
L'innocence avait tout à craindre avec un pareil système.

§ 2. — *Rôle du ministère public selon Bonaparte.*

Elle n'avait pas moins à craindre des idées de Bonaparte sur
les attributions du ministère public. (Séance du 18 décembre
1804, 27 frimaire an XIII.) Quelques membres du conseil proposaient d'en revenir à l'ancien système, qui séparait nettement
les fonctions du ministère public de celles du juge instructeur.
Dans ce système, le ministère public, informé d'un crime ou
d'un délit, requérait immédiatement le juge d'instruction : là
s'arrêtait son rôle. Le juge requis se transportait sur les lieux,
accompagné du ministère public. Mais seul il avait le droit
d'instruire, d'interroger le prévenu et les témoins, d'opérer
des saisies, et de lancer un amndat d'amener.

« Ce partage de fonctions, disait M. Defermon, donnait plus
de garanties aux prévenus. La partie publique requérait ; le
juge prononçait : ainsi l'autorité n'était pas toute concentrée
dans une seule main. Ce n'est pas sans effroi qu'on verrait
le même homme recevoir les dénonciations, les plaintes,
procéder à des interrogatoires, et disposer de la liberté des
citoyens. Ces plaintes, ces dénonciations éveillent nécessairement en lui des préventions contre celui qui en est l'objet.
préventions qui le poursuivent, l'obsèdent et souvent l'aveuglent,
Il veut à tout prix découvrir ce coupable qu'il a cru entrevoir :
il s'obstine, s'acharne. On dirait qu'il s'agit pour lui d'une affaire
personnelle. Il est donc urgent de le retenir sur cette pente.
Par quel moyen ? En l'arrêtant net, en lui interdisant toute opération qui aurait le caractère d'un acte d'instruction, et en remettant les opérations de cette nature à un magistrat spécial,
plus expérimenté, et surtout moins prévenu.

« D'ailleurs, ajoutait Defermon, le juge d'instruction ne
réside jamais assez loin du magistrat de sûreté pour que celui-ci

ne puisse le requérir de se transporter avec lui. Deux magistrats verrront mieux qu'un seul. Les prévarications deviennent impossibles quand elles ne peuvent avoir lieu que par le concert de deux personnes. La présence du juge instructeur sera une garantie contre les magistrats de sûreté qui auraient intérêt à se montrer complaisants ou rigoureux »(P. 554, 555, t. 24, Locré).

Defermon insistait surtout sur ce point que ce partage d'attributions offrait l'immense avantage de donner plus de garanties à l'innocence. Insistance maladroite ! Comment espérer que Bonaparte accepterait un système tant soit peu favorable au préve nu ? Non seulement il ne l'accepta pas, mais le combattit : « L'essentiel, dit-il, c'est de ne pas laisser dépérir les preuves : on ne saurait trop se hâter de se saisir des coupables. En conséquence, le magistrat de sûreté pourra et devra agir par lui-même sans attendre le juge d'instruction. Il n'y a aucun danger à lui conférer ces attributions, attendu qu'il n'intervient que lorsqu'il y a flagrant délit » (P. 555, t. 24, Locré).

Or qu'est-ce le flagrant délit ? Voilà des mots sur lesquels il eût été prudent de s'entendre. Le Code a donné à ces mots une extension si arbitraire, si abusive ; les cas réputés flagrants délits sont devenus si nombreux, que le ministère public est autorisé dans la plupart des circonstances à procéder seul et hors la présence du juge à de véritables actes d'instruction.

Defermon, voyant son système rejeté, s'efforça de prévenir les conséquences dangereuses que risquait de produire celui de Bonaparte. Il voulut bien admettre que le ministère public cumulât dans certains cas les fonctions de juge d'instruction, à la condition que ce cumul fût de courte durée, et que dans un très bref délai la procédure préparatoire serait remise au juge instructeur, qui étudierait l'affaire sans retard, la poursuivrait, ou rendrait au besoin une ordonnance de non-lieu. De la sorte, on ne verrait plus des magistrats de sûreté faire durer trois mois une procédure, dans l'espoir que des charges nouvelles viendraient peut-être confirmer leurs soupçons et justifier leur zèle intempestif. Pendant ce temps, le prévenu, bien qu'innocent, restait en prison (P. 556, t. 24, Locré).

Mais le spectacle d'un malheureux, qui sur une dénonciation fausse ou des soupçons prématurés est enlevé à ses affaires, à sa famille, et contraint de subir pendant de longs mois le supplice inutile et immérité de la maison préventive, n'est pas de nature à attendrir Bonaparte. « Imposer un délai au magistrat, ce serait d'après lui l'exposer à remettre une instruction imparfaite. » Il fut donc décidé que le ministère public aurait qualité dans les cas nombreux de flagrant délit pour procéder seul et hors la présence du juge instructeur à des actes d'instruction. Bien plus, les mêmes attributions furent conférées aux officiers auxiliaires du ministère public, parmi lesquels nous trouvons des commissaires de police, des maires et autres fonctionnaires, absolument incapables de remplir avec le tact voulu des opérations d'une nature si délicate.

Dans cette même séance du 18 novembre fut agitée une question très grave, celle des rapports de l'autorité administrative et de l'autorité judiciaire. Nous trouvons dans cette discussion le germe d'une des dispositions les plus monstrueuses du Code criminel, de ce trop fameux art. 10, dont l'autorité administrative a si souvent abusé, et dont elle abuse parfois encore même sous le régime républicain. Nous reviendrons plus loin sur cette discussion. La conclusion qui s'en dégage, c'est que dès 1804 Bonaparte avait l'intention bien arrêtée de faire des magistrats du parquet les auxiliaires, que dis-je ? les humbles valets de l'autorité préfectorale.

§ 3. — *Bonaparte et la confiscation.*

Arrivons enfin à la séance du 30 prairial an XII (14 juin 1804). Le conseil avait à délibérer sur le principe de la confiscation. Cette question, d'un caractère exclusivement pénal, ne rentre pas, il est vrai, dans le cadre d'une étude sur le Code d'instruction criminelle. Nous avons cru cependant ne pas devoir l'omettre. Nous osons espérer que le lecteur ne nous saura pas mauvais gré de lui apprendre comment et par qui fut établie cette peine que la Constituante avait abolie.

Le conseil était très divisé sur la question. Il était difficile de prévoir qui l'emporterait, des partisans ou des adversaires de cette peine. La section de législation la rejetait dans tous les cas ; la commission l'adoptait, mais à titre exceptionnel et seulement dans les cas spéciaux de faux-monnayage et de crime contre la sûreté de l'État. La majorité était donc douteuse, d'autant plus que la section était numériquement supérieure à la commission qui s'était montrée plus rigoureuse.

L'intervention de Bonaparte fit pencher la balance du côté de la commission : le principe de la confiscation fut voté, mais non sans une protestation énergique du président de la section, M. Bigot-Préameneu. Le fait mérite d'être signalé, tant il est rare de voir ce personnage en opposition avec Bonaparte. En termes rapides, brefs, M. Bigot-Préameneu trace l'historique de la confiscation ; il en étudie les origines suspectes, inavouables ;. il montre que les chefs d'Etat qui l'ont établie, l'ont fait soit pour réduire à l'impuissance en la ruinant une faction ennemie, soit pour s'enrichir de ses dépouilles. Examinant en-suite le caractère de cette peine, M. Bigot observe qu'elle ne frappe pas le coupable, mais des innocents, la famille, les en-fants qu'il laisse après lui ; qu'à ce titre elle constitue une violation flagrante du principe fondamental de la personnalité des peines ; et que ce fut là une des principales raisons qui déterminèrent la Constituante à la rayer de nos Codes. M. Bigot va plus loin encore : il doute de l'efficacité de la confiscation ; les criminels d'État ne sont pas des criminels vulgaires, et ce n'est pas la crainte de se ruiner et de ruiner avec eux leur famille qui les détournera d'une résolution qu'ils considè-rent comme un devoir sacré. Vainement allègue-t-on que la société, ayant été lésée, a droit à une indemnité. Mais dans l'hypothèse d'un crime d'Etat, comment apprécier le dommage causé ? Et n'est-il pas étrange de venir parler d'indemnité à propos d'un dommage qui ne peut être estimé? Enfin, dans le cas de fausse monnaie, qui profitera de la confiscation ? Sont-ce les personnes lésées , les citoyens qui sans le savoir sont détenteurs des pièces contrefàites ? Non, mais l'Etat, un être abstrait qui en réalité n'a rien perdu. M. Bigot termine son discours par une observation hardie qui dut sonner très désa-gréablement aux oreilles de Bonaparte. « Il ne faut pas donner l'occasion de penser que des vues d'intérêt privé aient pu se mêler aux condamnations pour crime d'Etat. » Bonaparte ré-pond à Bigot ; il a soin de ne pas insister sur la légitimité de la confiscation. Le terrain est trop peu solide pour une réfutation sérieuse. Il se borne à dire que la transmission des biens n'est pas de droit naturel, mais d'institution sociale, et que le conspi-rateur, attaquant cette institution, perd *ipso facto* les droits qu'il avait reçus d'elle, et, parmi ces droits, celui de transmettre. On en arriverait loin avec une pareille doctrine. Je ne sache pas que

la propriété soit d'institution sociale ; la propriété existait longtemps avant les lois qui la protégèrent. Quant au droit de transmettre, qu'est-ce autre chose que le prolongement, et comme le
corollaire de celui de propriété? D'ailleurs, si le fait de porter atteinte à l'institution sociale emportait *ipso facto* contre celui qui
en est l'auteur la perte de tous les droits qui découlent de cette institution, la confiscation devait être appliquée indistinctement à
tout prévenu. Le délit le plus léger est une atteinte à la société.

Mais qu'importe à Bonaparte la légitimité de la confiscation?
Le rétablissement de cette peine lui était personnellement utile.
Les émigrés venaient de rentrer : beaucoup avaient obtenu la
restitution de leurs biens. Bonaparte les connaissait, et savait
du reste par expérience que c'était surtout parmi eux, plus
encore que parmi les républicains, dont la plupart, les plus
fermes, étaient en exil, que se trouveraient les futurs cons-
pirateurs, les criminels d'Etat. Il fallait donc les effrayer. Et
quel moyen plus efficace que celui de les menacer au besoin
de la confiscation ? Ce n'était pas seulement les ruiner, c'était
aussi leur enlever auprès des populations cette influence que
donne toujours la propriété foncière. Le rétablissement de la
confiscation avait pour Bonaparte un second avantage : il lui
ménageait l'occasion d'étonner de temps en temps l'univers par
un acte de clémence. La confiscation, disait-il, sera facultative ;
le gouvernement en usera rarement. Le plus souvent, les biens
confisqués seront remis aux enfants du condamné. Par là, le
gouvernement éteindra dans le cœur des enfants la haine qu'a
pu y jeter le supplice mérité de leur père. Ainsi donc faire con-
sacrer par le Code un châtiment révoltant, inique, dans le but
unique d'en restreindre au besoin l'application et de relever par
des actes de clémence habilement distribués une popularité chan-
celante, voilà ce que voulait Bonaparte. Ses intentions étaient ma-
nifestes. Le conseil d'Etat n'osa pas les combattre. La confiscation limitée au faux monnayage et aux crimes d'Etat fut rétablie.

Résumons brièvement les conclusions qui se dégagent de
cette étude sur les discussions du projet du Code criminel en
1804. Rendre à la poursuite des crimes l'intensité qu'elle
avait perdue depuis 1789, tel était le but de Bonaparte. Pour
atteindre ce but, il fallait d'abord centraliser la justice, la sti-
muler, la surveiller : de là, la formation de grands corps judiciaires, et la subordination des tribunaux à l'autorité préfec-

torale. Il fallait en second lieu abolir la procédure par jurés, ou tout au moins la dénaturer, la restreindre ; ce qui entraînait la suppression du jury d'accusation, l'établissement de juridictions exceptionnelles, la restriction de la compétence du jury de jugement, et enfin l'abaissement du nombre de voix jusqu'alors exigé pour opérer condamnation. Ces idées ne prévalurent pas en 1804 ; mais cet échec ne fut que temporaire. Bonaparte n'était pas homme à le supporter longtemps. Quatre ans plus tard, il prendra sa revanche. Dans quelle mesure ? C'est ce qui nous reste à examiner.

CHAPITRE IV

PROCÈS-VERBAUX DE 1808

§ 1. — *Bonaparte essaie d'abolir le jury. Il échoue grâce aux efforts de Berlier.*

Les travaux furent repris le 30 janvier 1808. Diverses questions de principe, les mêmes qu'en 1804, urent d'abord soumises au conseil. La première portait sur le jury. La suppression de cette institution avait été résolue dans les conseils du gouvernement. A défaut de documents formels, nous en avons une preuve manifeste dans l'attitude nettement hostile des deux ministres qui prenaient part aux délibérations, le ministre de la justice et des cultes. Plus dépendants de Bonaparte que ne l'étaient les membres du conseil d'Etat, ces personnages n'eussent jamais osé demander avec tant d'insistance la suppression du jury, s'ils n'eussent été de connivence avec le maître. Bonaparte n'eût pas toléré un pareil écart sur une matière qui lui tenait tant à cœur. « Or, disait le ministre de la justice, la théorie du jugement par jurés est belle et séduisante ; mais on ne peut se dissimuler qu'en général les jurés ne remplissent leurs fonctions avec beaucoup de faiblesse, et qu'ils encouragent le crime par l'impunité. D'ailleurs, l'universalité des cours se prononce pour sa suppression (P. 584, t. 24, Locré). Il est vrai que les délits diminuent ; mais la diminution en est due non au jury, mais à la vigilance de la police, et aux tribunaux spéciaux » (P. 591, t. 24, Locré).

Ces arguments contre le jury n'ont rien de bien neuf ; nous les avons déjà vus dans la discussion de 1804. Alors, comme en 1808, on invoquait contre le jury l'opinion des cours : les cours consultées en réclamèrent le maintien. Leur opinion s'était-elle modifiée quatre ans plus tard ? Il est permis d'en douter, malgré les assertions ministérielles. Au point de vue criminel, la situation de la France n'avait fait que s'améliorer dans cet intervalle. Pourquoi donc les mêmes cours qui reconnaissaient le jury suffisant en 1804, l'auraient-elles déclaré impuissant en 1808 ?

Le ministre des cultes n'était pas moins agressif que son collègue de la justice. « L'institution du jury, disait-il, malgré les progrès incessants de la civilisation, n'a été adoptée nulle part, sauf en Angleterre, où elle produit des résultats déplorables. On parle d'en faire de nouveau l'essai en France. Mais il est reconnu que les crimes les plus dangereux sont mal jugés par le jury. Du reste, l'établissement des grandes cours, dont la nécessité est avouée, ne peut avoir lieu sans la réunion de deux justices et la suppression du jury » (P. 613, t. 24, Locré).

L'attitude de Cambacérès est surtout intéressante à étudier. De tous les membres du conseil, nul ne savait mieux que lui faire sa cour à Bonaparte, pour lequel il professait du reste une admiration sans mesure et qui allait jusqu'à la servilité. Pouvait-il néanmoins, lui, l'auteur principal du Code de brumaire, réclamer décemment en termes formels l'abolition d'une procédure qu'il avait contribué plus que personne à établir parmi nous ? Aussi n'est-ce pas bruyamment et par des attaques directes, mais par des insinuations perfides, qu'il essaie d'ébranler le conseil et de le rallier aux projets de Bonaparte. « Il ne nie pas qu'en principe le jury ne soit une institution excellente. Mais quoi qu'on fasse, quelques mesures que l'on prenne, il sera toujours mal composé. Pourquoi ? Parce qu'il n'est pas dans le caractère de la nation. Il existe en France un esprit d'industrie, qui fait que chacun n'aime à s'occuper que de ses propres affaires. Encore moins est-on disposé à les quitter pour des fonctions qui n'ont rien d'attrayant » (P. 584, t. 24, Locré).

Arrivons enfin à Bonaparte. La question capitale du jury n'a pour lui qu'un intérêt secondaire. Ce qu'il veut avant tout, c'est réunir les deux justices, former de grands corps judiciaires ; il n'ignore pas que ce système, du moins tel qu'il le conçoit, est inconciliable avec le maintien du jury. Mais peu lui importe. La procédure par jurés est une institution vicieuse, on s'en passera. Les partisans de l'institution auront beau protester : leurs protestations seront vaines. Plus résolu qu'en 1804, Bonaparte n'hésitera pas à aller jusqu'au bout.

La marche de la discussion dans cette première séance est du reste très instructive. La question du jury, inscrite en tête de l'ordre du jour, devait être tranchée la première. Bonaparte vit là un danger. Il craignit que le conseil ne se prononçât d'abord pour le maintien du jury, et que cette décision, sanctionnée par un vote, ne fût plus tard invoquée contre son système. Voulant prévenir le danger, il sut par une manœuvre très habile intervertir l'ordre de la discussion. Pendant quelques instants, il laissa les partisans et les adversaires du jury débattre devant lui les avantages et les vices de l'institution : puis, tout à coup, démasquant ses batteries, il donne lui-même lecture d'un projet de réunion des deux justices, et invite le conseil à le discuter séance tenante. Cette brusque manœuvre ajournait et reléguait au second plan la question du jury.

Le projet de Bonaparte contenait seulement cinq articles : il instituait les cours impériales, et, dans chaque cour, une chambre criminelle assez nombreuse pour instruire et juger les crimes commis dans le département même où siégeait la cour, et aussi pour fournir des magistrats qui iraient tenir au besoin les assises dans les départements du ressort. La même chambre était chargée de statuer sur les appels correctionnels de tous les départements sur lesquels la cour étendait sa compétence. Bonaparte déclara en outre qu'il avait l'intention de réserver aux cours impériales la connaissance de certaines affaires qui, en raison de leur importance, devaient être soumises à des juges d'élite.

L'excès de concision rendait le projet obscur. Il était difficile après une simple lecture d'en mesurer la portée et d'en prévoir toutes les conséquences. Toutefois, il était certains points sur lesquels il s'expliquait nettement et de manière à ne pas laisser subsister le moindre doute. Le projet, tel que Bonaparte l'avait rédigé, restreignait d'abord la compétence du jury de jugement; il instituait au siège des cours impériales et pour certaines affaires une juridiction exceptionnelle permanente ; enfin, en attribuant aux cours la connaissance exclusive des appels correctionnels, il entraînait fatalement dans les instances de cette nature la suppression de la déposition orale.

Treilhard, Berenger, Defermon, Berlier s'efforcent de conjurer le danger. Le projet de Bonaparte, à moins de lui faire subir des modifications profondes, leur paraît incompatible avec le maintien du jury. Comment faire venir au siège de la cour les témoins et les jurés ? Pourquoi d'ailleurs suspecter le jury et restreindre sa compétence ? Ces défiances n'ont aucune raison d'être ; les délits diminuent de plus en plus, preuve manifeste que le jury ne frappe pas avec cette prétendue mollesse qu'à tort on lui reproche. En outre, depuis qu'il fonctionne, on n'a pas l'exemple d'une seule condamnation injuste. Enfin, si dans tout le ressort de la cour il n'y a qu'un seul tribunal pour statuer sur les appels correctionnels, comment transportera-t-on les témoins à de si grandes distances ? Leur imposer de si longs déplacements serait excessif : les juges d'appel devront donc juger sur pièces d'après les dépositions déjà faites devant le tribunal de première instance. Mais c'est abolir l'instruction orale !

Ces critiques successivement présentées par les défenseurs du jury finirent pas lasser la patience de Bonaparte, d'autant plus qu'elles avaient produit leur effet, et que le conseil, au lieu de statuer d'abord sur la réunion des deux justices, statua sur le jury dont il vota le maintien. La manœuvre de Bonaparte était déjouée : rien de plus significatif que ce vote. Assurément, les membres du conseil, en se prononçant pour le jury, ne voulaient pas écarter le système de Bonaparte ; mais ils donnaient à entendre que pour eux la question capitale, celle qui dominait toutes les autres, c'était le maintien de la procédure par jurés. Or, pour Bonaparte la priorité devait appartenir à son projet de réunion des deux justices, et de formation des cours impériales. Sentant que les ministres de la justice et des cultes n'étaient pas de force à lutter avec avantage contre Treilhard et Berlier, il sortit de sa demi-réserve, et se jeta dans le débat. Son langage est d'abord assez mesuré : « Les tribunaux, dit-il, seront sans considération tant qu'ils ne cumuleront pas la justice civile et la justice criminelle. L'avantage de cette réunion sera de donner aux corps judiciaires une force égale à celle des autres corps, et de les mettre en état de défendre l'ordre public et la liberté civile contre l'administration, contre le militaire, contre les hommes puissants. » Mais bientôt il hausse le ton, s'aigrit, s'irrite ; sa parole devient impérieuse, et le conseil dut comprendre que le moment était venu de s'incliner, de transiger. « L'Empereur trace un sombre tableau de la situation criminelle en France. Personne n'agit efficacement pour lui. Il est obligé de surveiller et de réprimer directement les abus d'autorité et les prévarications, de défendre lui-même les citoyens contre l'administration et contre tout ce qui a quelque puissance dans l'empire. Cette étrange situation ne peut changer que par l'établissement de grands corps qui aient assez de force contre quiconque s'écarte de son devoir. »

On nous permettra de douter de la sincérité de ces doléances chez l'auteur de la Constitution de l'an VIII. A qui la faute si les citoyens n'étaient pas suffisamment protégés contre les excès de zèle des préfets ou des agents de la police ? N'était-ce par lui qui avait inséré dans cette Constitution le trop fameux art. 75, aux termes duquel tout agent du gouvernement, les ministres exceptés, ne pouvait être poursuivi pour faits relatifs à l'exercice de ses fonctions qu'avec l'autorisation du conseil d'Etat ? La simple abrogation de cet article eût donné à la liberté individuelle des garanties tout autrement sérieuses que la création des cours impériales. Remarquons néanmoins que devant les membres du conseil, la plupart anciens magistrats, la tactique de Bonaparte ne manquait pas d'habileté. Les magistrats redoutent les préfets, qui parfois les jalousent : c'était donc prendre les membres du conseil par leur endroit faible que de leur présenter la création des cours comme le moyen unique de relever le prestige de l'autorité judiciaire, et de la défendre contre les empiétements de l'autorité administrative.

Poursuivant le développement de sa pensée, Bonaparte ajoute : « Il s'agit de savoir comment l'on pourra faire des tribunaux une autorité protectrice ; car pour établir la sûreté il n'y a que la robe et l'épée. Maintenant chaque fonctionnaire fait ce qu'il veut, et il ne faut pas moins que mon caractère et le vif désir que j'ai de rendre mes sujets heureux pour empêcher le désordre » (P. 596, t. 24, Locré).

Le maître avait parlé. Treilhard et Berlier n'avaient plus

qu'à se taire. Désormais l'important pour eux était d'imaginer une combinaison qui leur permît d'adapter au système de Bonaparte la procédure par jurés. Transiger était devenu une nécessité impérieuse; il fallait même se hâter. Bonaparte, en effet, quelques jours après, dans la séance du 2 février, communiquait au conseil un nouveau projet émanant de lui, qui complétait, mais surtout aggravait le premier, et dans lequel il n'était plus question du jury. Les affaires criminelles étaient dévolues sans exception à des juges permanents.

C'est alors que la section de législation, à l'effet de conjurer le danger, mit en avant le système des assises périodiques et départementales, aujourd'hui encore en vigueur. Déjà proposé par Berlier quatre ans auparavant, il avait été repoussé par le conseil. Les bases du nouveau projet furent présentées par Treilhard dans la séance du 6 février. La section admettait la réunion des deux justices et la formation des cours impériales. A chaque cour était attachée une chambre criminelle, où les conseillers seraient appelés à siéger périodiquement à tour de rôle. Voulant à tout prix sauver la déposition orale, très compromise dans le projet de Bonaparte, la section rapprochait la justice du justiciable ; elle décidait d'abord que tous les trois mois il y aurait des assises dans chaque département ; et en second lieu, que la chambre criminelle de la cour ne statuerait pas sur tous les appels correctionnels du ressort, mais seulement sur ceux du département. Enfin, dans le projet de la section, il n'était pas question d'affaires spéciales, réservées à la compétence exclusive de la cour.

Bonaparte vit-il de bon œil ces importantes concessions? Il est permis d'en douter. Dans son for intérieur, il eût été heureux que le conseil persistât dans son ancienne opinion sur l'impossibilité d'adapter à l'établissement de grandes cours judiciaires l'institution du jury. Cette attitude lui eût fourni un prétexte pour en finir avec cette procédure. La transaction proposée déjouait ses espérances secrètes. Toutefois, comme cette transaction était toute à son avantage, il y avait lieu de penser qu'elle lui suffirait. Il n'en fut rien.

Le projet de la section avait un vice capital à ses yeux : il maintenait le jury dont il importait de se défaire. Comment? Par quel moyen? Un des conseillers, d'une étroitesse d'esprit peu commune, M. Jaubert, en demandait la suppression pure et simple. La proposition déplut au conseil; elle eut même pour adversaires deux hommes qui étaient loin d'appartenir à la fraction libérale de ce corps, à Cambacérès et à Lebrun. Bonaparte, plus habile que Jaubert, a garde de réclamer la mort du coupable ; loin de là, il veut l'aider à vivre. Les juges du fait ne sauraient être confondus avec les juges du droit. Mais ces juges du fait, où les prendre? Parmi de simples citoyens? L'expérience en a été faite, et on sait comment elle a réussi. Le plus sage, c'est de prendre les juges du fait, les jurés parmi les membres des tribunaux, parmi les magistrats eux-mêmes, qui formeraient avec les juges du droit une grande *tournelle*. Dans cet étrange système, les tribunaux de première instance, à chaque procès criminel, envoyaient au siège des assises une partie de leurs membres remplir accidentellement les fonctions de jurés. « Si les juges de première instance étaient assez nombreux, peut-être conviendrait-il de les appeler aux fonctions de jurés. Ils sont instruits, accoutumés à juger, exercés à démêler le sophisme et la vérité. On pourrait du reste leur adjoindre des hommes recommandables par leurs lumières et leur fortune, tels qu'on les trouve par exemple dans les collèges électoraux, et régler ce service de manière à ce que chaque membre de la tournelle ne fût appelé qu'une fois par année. »

A cette combinaison hypocrite qui semblait maintenir le jury, mais en réalité le supprimait en le composant de juges de profession, Treilhard oppose la combinaison plus libérale et la seule rationnelle de prendre les jurés parmi les membres du corps électoral. « Ainsi le sort de l'accusé ne sera pas remis à des hommes déjà endurcis par l'habitude. » Quant à la prétendue répugnance des citoyens à remplir ces fonctions, Treilhard estime d'abord qu'on l'exagère, et en second lieu qu'on la vaincra facilement : le jury n'est pas aussi loin qu'on le croit de l'opinion de la nation.

La proposition de Treilhard conservait à l'institution toute sa pureté. Aussi fut-elle vivement combattue par Bonaparte. « Il n'est pas vrai que le jury soit dans l'opinion de la nation. Prendre les jurés sur la masse de la population est impossible. C'est dégoûter les hommes instruits que de les associer à des hommes sans lumières » (P. 612, t. 24, Locré). Et il en revient à sa *tournelle*. Bien plus, au mépris du vote émis en faveur du jury dans la séance du 30 janvier, il remet la question en discussion : « Il s'agit de savoir si la *tournelle* sera divisée en deux sections composées, l'une de juges du droit, l'autre de juges du fait, et s'il est utile de séparer le fait du droit » (P. 612, t. 24, Locré).

Le ministre de la justice répond le premier à cette mise en demeure. Il opine pour la négative. Le jury est inutile; il est dangereux. Les juges du fait ne doivent pas être distincts des juges du droit (P. 613, t. 24, Locré).

Cette intervention du ministre de la justice, représentant autorisé de la pensée gouvernementale, n'était que trop significative. Le doute n'était plus permis. Bonaparte n'était nullement satisfait d'avoir imposé au conseil la réunion des deux justices et l'établissement des cours impériales; il lui fallait encore obtenir la suppression du jury, ou du moins une transformation équivalente.

Berlier conjure le péril. Dans une réplique sensée, éloquente, courageuse, cet ancien conventionnel, chez qui ne s'est pas encore éteint le feu de 1793, prend corps à corps l'argumentation du ministre de la justice. Rien de plus aisé que de distinguer le fait du droit, cette opération n'exige nullement des connaissances spéciales. Le simple bon sens suffit. D'ailleurs, supprimer le jury, c'est rétablir les tribunaux permanents, c'est faire des mêmes hommes les juges du fait et les juges du droit, confusion déplorable qui ne tendrait à rien moins qu'à faire crouler toute la législation criminelle de 1791, et qui dans un bref délai ramènerait les condamnations iniques, les abus monstrueux de l'ancienne organisation. On redoute l'indulgence des jurés ; mais il faut redouter aussi la sévérité des juges. L'absolution de quelques coupables ne devra jamais faire renoncer à une institution qui garantit la vie des innocents. L'erreur qui absout est fâcheuse ; l'erreur qui envoie à l'échafaud est affreuse, épouvantable, et plonge dans un deuil profond la société tout entière (P. 617, t. 24, Locré).

Emporté par son ardeur, Berlier ne s'arrête plus : Bonaparte lui-même ne trouve pas grâce devant son impitoyable logique. La nation est hostile au jury, avait dit Bonaparte. Ecoutez la réponse de Berlier : « On a osé invoquer contre le jury le vœu national! Mais ceux qui se constituent ses interprètes, veulent-ils parler de la masse des citoyens? Non : le corps de la nation ne saurait désirer l'abrogation d'une institution sur laquelle repose la plus grande sécurité de chacun de ses membres. Qu'est-ce donc que ce prétendu vœu national? La répugnance de quelques jurés à l'exercice de leurs imposantes fonctions, et le désir qu'éprouvent quelques magistrats d'étendre les leurs. Voilà ce que l'on confond avec le vœu de la nation : y eut-il jamais plus grande erreur ? »

Cette réplique admirable de bon sens, de courage, d'humanité, entraîna le conseil. Bonaparte comprit que c'était trop exiger de ses collaborateurs que leur demander la suppression du jury. La prudence lui conseillait de renoncer à son bizarre système de la tournelle et de se rallier à la majorité du conseil. C'est ce qu'il fit.

§ 2. — *Atteintes portées au jury : suppression du jury d'accusation.*

Mais il ne tarda pas à prendre sa revanche. Qu'importe l'excellence d'un principe quand le mode d'application en est vicieux? Le despotisme a tout à redouter d'un jury indépendant. Bonaparte ne l'ignorait pas. Aussi tous ses efforts tendront-ils désormais à mutiler, à dénaturer, à asservir cette institution qu'il n'avait pu supprimer.

Il commence d'abord par réclamer la suppression du jury d'accusation. Inutile d'insister sur les avantages, bien plus, sur la nécessité de cette procédure, établie par la Constituante. L'expérience a établi et démontre encore que les juges instructeurs les plus impartiaux sont malheureusement portés par la nature de leurs fonctions et par la tournure habituelle de leur esprit à voir dans tout prévenu un coupable. Préoccupés surtout de la défense de l'ordre public, ils tremblent de laisser échapper l'individu contre lequel une instruction a déjà été commencée. Dans le doute, au lieu de prononcer une ordonnance de non-lieu, ils décréteront trop facilement l'accusation. Ce décret, pensent-ils, ne préjuge rien; le prévenu, s'il est innocent, sera acquitté. Mais les juges instructeurs ne songent pas assez que, si le décret d'accusation ne préjuge par la sentence des jurés, il n'en constitue pas moins une présomption très grave contre le prévenu; ils oublient peut-être que, s'il est fâcheux de libérer un coupable, il est odieux d'arrêter un innocent et de lui infliger pendant des mois les tortures de la prison préventive, et au besoin de la mise au secret : mesures humiliantes, et qui peuvent en outre entraîner après elles des conséquences funestes, un discrédit inévitable pour celui qui en est la victime, ses affaires en souffrance, la ruine, peut-être aussi le dérangement de ses facultés mentales, la folie.

C'est pour éviter ces abus que la Constituante ne voulut pas laisser à des magistrats de profession, dont elle redoutait les excès de zèle, ce pouvoir redoutable de décréter l'accusation. Elle en investit un jury, composé de l'élite des citoyens, dont l'impartialité ne pouvait être suspectée, résolus à poursuivre les coupables, mais résolus aussi à ne pas molester les innocents.

Le jury d'accusation avait donc cet immense avantage de protéger efficacement contre les abus possibles de l'autorité judiciaire la liberté individuelle. Ce fut là son crime aux yeux de Bonaparte. « Ce jury, dit-il, ne présente que des inconvénients. Jamais il n'opérera d'une manière aussi sûre qu'un seul magistrat, et cependant s'il renvoie un coupable, la justice n'a plus rien à faire (P. 611, t. 24, Locré). D'ailleurs le jury d'accusation est composé d'hommes qui ne sont pas accoutumés au travail des juges ; on ne fait que lire les pièces devant eux, et à moins d'avoir l'habitude de juger, il est très difficile de se former une opinion après une pareille lecture. Peu de personnes même peuvent l'écouter avec une attention soutenue: il ne faut appliquer la masse des citoyens qu'à des fonctions qu'ils puissent remplir, et laisser aux gens de lois celles dont eux seuls sont capables. Qu'on ne parle pas du danger de laisser à des juges seuls le droit de mettre en accusation. Il disparaît si la loi est sagement conçue, si elle établit les précautions nécessaires. D'ailleurs, dans le système contraire, on manque le but qui est de donner une grande force à la justice.»

Mais on aurait pu objecter à Bonaparte pourquoi il avait fini par admettre le jury de jugement? L'accusation est une mesure bien moins grave que le verdict définitif: or il venait de consentir à ce que de simples citoyens prononçassent le verdict ; il leur avait reconnu pour cette grave fonction des qualités suffisantes. Pourquoi donc leur refusait-il de statuer sur la mise en accusation ?

Bonaparte continue : « Les inconvénients du jury d'accusation sont généralement sentis ; ils sont avoués par ceux-là même qui réclament le jury de jugement. Chacun sait que ce jury absout trop facilement, ne fût-ce que par la crainte d'exposer à une longue détention un prévenu dont la culpabilité ne lui paraît pas certaine. D'un autre côté, il ne voit rien ; il n'entend pas es témoins ; il n'y a devant lui ni publicité, ni débats, et néanmoins quand il met trop légèrement en accusation aucune autorité ne peut plus relâcher le prévenu, quelques preuves favorables qui surviennent. Des juges au contraire sont ou doivent avoir le droit de lever le décret. »

Fait curieux à signaler, à part Treilhard qui prononça quelques paroles, fort anodines du reste, personne n'osa élever la voix en faveur du jury d'accusation. Cette institution, dont l'excellence avait été proclamée en 1804, fut supprimée sans débat. Berlier lui-même n'osa pas la défendre. Est-ce fatigue, découragement ? On peut le croire : Berlier dut comprendre et avec raison que toute résistance était inutile. C'était du reste beaucoup que d'avoir sauvé du naufrage le jury de jugement. Trop heureux si l'épave tout entière eût été conservée.

§ 3. — *Création des cours spéciales.*

Il n'en fut rien. Rappelons le projet de réorganisation que Bonaparte avait présenté au conseil dans la séance du 2 février. Bonaparte dans ce projet offrait à ses collaborateurs une transaction, un marché. D'une part, il consentait à la suppression des juridictions spéciales ; l'art. 5 du projet portait que les crimes et délits, actuellement réservés à ces juridictions, seraient déférés aux tribunaux de première instance. Mais, d'autre part, et en échange de cette concession, il demandait la suppression du jury ; le mot même n'en est pas énoncé dans la rédaction du projet. Mis en demeure d'opter, le conseil d'Etat prit selon nous le parti le plus sage : il se prononça pour le jury, n'ignorant pas que l'application première en serait défectueuse ; mais ayant foi dans la vertu du principe, il laissait à l'avenir le soin de la mettre en lumière, ce qui obligerait les législateurs futurs à lui faire dans notre Code criminel la large place qui lui est due.

La conséquence obligée du vote du conseil fut de donner à Bonaparte liberté pleine et entière relativement aux tribunaux spéciaux. L'établissement de ces tribunaux était en effet une condition *sine quâ non* de son adhésion au maintien du jury. Aussi le verrons-nous user dans la plus large mesure de la liberté que le conseil d'Etat s'était engagé à lui laisser. La loi sur l'organisation judiciaire de 1810 institua deux sortes de cours spéciales, les cours spéciales ordinaires, et les cours spéciales extraordinaires.

Les premières avaient un caractère permanent; les secondes étaient temporaires. La composition des cours spéciales rappelait de très près celle des tribunaux spéciaux établis par la loi de l'an IX après l'attentat de la rue Saint-Nicaise. Elle comprenait huit juges, dont trois militaires et cinq magistrats pris dans les cours impériales ou les tribunaux de première instance. La présence de militaires, hommes peu disposés à l'indulgence, donnait à ces juridictions un caractère exceptionnellement rigoureux. Quant à leur compétence, elle était moins étendue que celle des tribunaux de l'an IX : certains crimes d'un caractère purement privé, tels que l'incendie, l'assassinat prémédité, les vols sur les grands chemins ou avec effraction, les excès contre les acquéreurs de biens nationaux, étaient restitués au jury. Mais les crimes ayant ou pouvant avoir un caractère politique, la rébellion à la force armée, la contrebande armée, les assassinats préparés par des attroupements armés, étaient réservés aux cours spéciales. L'arrêt était rendu à la simple majorité : il était sans appel et le recours en cassation était interdit.

Quant aux cours spéciales extraordinaires, le gouvernement se réservait le droit de les établir à son gré dans les départements où des circonstances diverses l'auraient contraint de suspendre le jury ou d'en retarder l'application. Elles étaient composées de huit juges, choisis parmi les membres de la cour impériale par le premier président de cette cour ou par le ministre de la justice. L'élément militaire n'avait aucune place dans ces juridictions, destinées à remplacer le jury dont l'énergie avait paru suspecte. Les arrêts étaient rendus à la simple majorité des voix : ils pouvaient être attaqués par le recours en cassation.

Un historien qui, pour tout document sur l'état social de la France en 1810, n'aurait que cette loi sur l'organisation judiciaire, aurait de cette époque une idée bien triste, peu flatteuse et peu exacte. Cet effrayant échafaudage de tribunaux superposés, renchérissant de rigueur l'un sur l'autre, le porterait à croire que la France d'alors était comme une proie offerte aux malfaiteurs du monde entier, un réceptacle de voleurs et de bandits. Toute législation pénale rigoureuse suppose une société désorganisée, affolée. Et cependant, vit-on jamais période plus calme, gouvernement plus respecté ? Mais le propre du despote, et c'est là son châtiment, c'est de voir partout des ennemis, de trembler sans cesse, et de s'armer de moyens terribles contre des dangers qui n'existent que dans son imagination troublée. Tel Tacite nous a dépeint Tibère. Tel fut Bonaparte. Des magistrats élus par le pouvoir, le jury d'accusation supprimé, le jury de jugement amoindri par les cours spéciales ordinaires, rien de tout cela ne le rassurait : il lui fallait encore l'arme terrible des cours spéciales extraordinaires ; ce n'était pas assez que d'avoir restreint la compétence du jury, il voulait encore pouvoir le supendre à son gré.

§ 4. — *Composition vicieuse du jury de jugement.*

Mais revenons à notre sujet. Dans les discussions du conseil d'Etat, Bonaparte s'était plaint maintes fois de la composition du jury, recruté, disait-il, parmi des hommes incapables, timides, subissant toutes les influences. Ce reproche ne me paraît nullement fondé. Le jury, tel que l'organisait le Code de brumaire, présentait des garanties sérieuses et de nature à satisfaire les plus exigeants. Les jurés étaient tirés, ceux de jugement, des collèges électoraux de département; ceux d'accusation, des collèges d'arrondissement. Voici par quel procédé : le sous-préfet, après avoir réduit aux deux tiers la liste électorale de son arrondissement, la communiquait au préfet, qui la réduisait de moitié. La moitié sortante formait la liste générale du jury. Sur cette liste, le président du tribunal et le directeur du jury choisissaient l'un les jurés de jugement, l'autre les jurés d'accusation. Rien de plus facile que de faire de bons choix avec une pareille procédure, d'autant plus que la liste générale comprenait un assez grand nombre de noms, parmi lesquels les citoyens les plus instruits, les plus distingués du département.

Mais un jury ainsi recruté avait un vice énorme aux yeux de Bonaparte. Le corps électoral dont il émanait avait été jusqu'alors un organisme assez docile. Mais cette docilité pouvait avoir un terme, et un jury libre devenait pour Bonaparte un instrument dangereux. Il fallait donc conjurer cette éventualité, et pour cela remanier l'institution, l'asseoir sur des bases telles que le gouvernement pût toujours au besoin trouver des jurés disposés à le servir. De là l'étrange composition donnée au jury par le Code de 1808. Les membres des collèges électoraux n'étaient pas dépouillés du droit que leur avait reconnu la législation de brumaire : on leur adjoignait les trois cents plus imposés du département, les notaires, banquiers, agents de change, négociants payant une patente de première classe, enfin les docteurs et licenciés des quatre facultés. Toutefois, à ces éléments dont l'indépendance présentait des garanties assez sérieuses, le gouvernement fit ajouter tous les fonctionnaires et employés de l'ordre administratif à la nomination de l'empereur : ce qui lui permettait au besoin et pour une cause déterminée de former un jury complètement à sa dévotion.

§ 5. — *Les préfets, chargés de désigner les jurés.*

Ce n'est pas tout. La mission de choisir les jurés avait été dévolue par le Code de brumaire à des magistrats de l'ordre judiciaire. Ces magistrats, nommés par l'empereur, ne pouvaient être suspects d'hostilité. Mais la nature de leurs fonctions ne leur permettait pas de connaître le département aussi bien que les magistrats de l'ordre administratif, les préfets. Ils n'avaient pas à leur service, et pour les renseigner sur l'attitude politique de tel ou tel électeur, les ressources de la police. Laisser à des hommes aussi peu renseignés la désignation des jurés était de la part d'un gouvernement despotique une grave imprudence : non pas qu'il y eût à craindre qu'ils portassent sur la liste des citoyens incapables, indignes; mais ce n'est pas tant la capacité et l'honnêteté, que le dévouement, que Bonaparte appréciait chez les jurés. Les préfets seuls, grâce à leur police, étaient à même de découvrir sûrement ces hommes dévoués.

La question avait déjà été agitée en 1804 (séance du 10 vendémiaire, 2 octobre). Berlier, Defermon, Cambacérès lui-même ne comprenaient pas que des attributions de cette nature fussent confiées à des préfets. Pourquoi cette confusion de pouvoirs ? Pourquoi investir d'une mission purement judiciaire un fonctionnaire de l'ordre administratif? Il y avait là une atteinte aux principes les plus élémentaires de la séparation des pouvoirs. En outre, les présidents des tribunaux, la plupart nés ou tout au moins domiciliés depuis longtemps dans le département où ils exerçaient leurs fonctions, connaissaient les citoyens dignes d'être jurés bien mieux que les préfets, fonctionnaires amovibles et toujours étrangers. A ces arguments, présentés par Berlier, Defermon et Cambacérès, le ministre de la justice crut devoir en ajouter un autre non moins important au point de vue de la bonne administration, c'est que l'attribution conférée aux préfets de former les listes des jurés ne tarderait pas à devenir une source intarissable de conflits entre eux et les présidents des cours criminelles.

Ces considérations ébranlèrent le conseil, qui laissa la question indécise. Elle fut reprise et tranchée en 1808. Dans quel sens? On le devine. Le choix des jurés fut dévolu à l'autorité administrative. Sur la réquisition du président des assises, le préfet dressait une liste de soixante citoyens, pris dans certaines catégories déterminées par la loi. Le président des assises à qui elle était communiquée, la réduisait à trente-six, sur lesquels étaient tirés au sort les douze citoyens qui devaient composer le jury de jugement. Un jury préparé et tiré de la sorte n'était rien moins qu'une commission.

§ 6. — *Le verdict du jury soumis à la ratification
du tribunal.*

Nous n'en avons pas encore fini avec les atteintes portées au jury. La plus grave est celle qui fut consacrée par l'art. 351, abrogé en 1831. L'art. 341 du projet de la commission, devenu dans la rédaction définitive l'art. 347, décidait que la simple majorité suffirait pour opérer condamnation. Cette disposition était rigoureuse, mais du moins elle respectait la souveraineté du jury. Vivement attaquée en 1804, elle le fut de nouveau, mais avec moins de force, en 1808, dans la séance du 12 juillet (P. 462, t. 25, Locré). « Quand cinq jurés sur douze, observe Berlier, auront déclaré l'accusé innocent, l'opinion publique pourra bien rester dans le doute, et cependant l'accusé marchera au supplice. Cette idée est accablante. »

Sur la remarque faite par Cambacérès que la question, en

4

raison de son importance devait être discutée en présence de
Sa Majesté, le conseil prononça l'ajournement.

Le 16 octobre, Sa Majesté étant présente, la question fut reprise. Treilhard et Berlier renouvelèrent leurs critiques contre
la rédaction de la commission. Bonaparte voulut bien reconnaître que la simple majorité pour ou contre laissait planer
des doutes ; qu'on ne saurait innocenter l'accusé lorsqu'il
n'avait pour lui que sept voix ; qu'on ne saurait non plus
le condamner, lorsque sept voix seulement se prononçaient
contre lui. Le doute subsistant, il importait de le trancher.

Mais par quel moyen ? Réal propose de rétablir l'usage de
trois jurés adjoints et d'une seconde délibération ; M. Faure,
de renvoyer l'affaire à une autre session. C'étaient là des expédients dont le dernier surtout était déplorable, en ce sens qu'il
prolongeait la durée de la prison préventive, mais du moins
le dernier mot appartenait toujours au jury.

Or c'est ce dernier mot qu'il fallait lui enlever. Bonaparte
émet l'avis que, dans l'hypothèse de la simple majorité pour
ou contre, la mission de statuer définitivement sur la culpabilité ou sur l'innocence doit être réservée aux juges. « Sa Majesté
n'admet pas qu'un accusé qui aura obtenu sept voix en sa
faveur soit acquitté dans tous les cas et indéfiniment. Elle
comprend bien qu'on ne le condamne pas à mort ; mais pourquoi l'innocenter entièrement ? Son honneur même ne serait
pas à couvert : il resterait des doutes dans l'opinion publique.
— D'ailleurs, ajoute-t-il, on ne doit pas perdre de vue que
l'unanimité est de l'essence du jury. Mais comme sept voix
contre cinq font naître un préjugé défavorable, il est utile pour
l'accusé lui-même que les juges interviennent toutes les fois
que le jury n'est pas unanime. »

Cette proposition équivalait à la suppression du jury. Il est
très rare que les jurés soient unanimes. Le plus souvent il y a
partage : et entre ceux qui se prononcent pour l'acquittement,
ceux qui réclament une condamnation, l'écart peut n'être
que d'une ou deux voix. Donner aux juges le droit de statuer à
leur tour, c'est enlever dans presque tous les cas l'accusé aux
jurés.

Considérons du reste ce qu'il y avait d'odieux dans une combinaison de cette nature. Voilà un homme qui depuis deux ou
trois mois a été arrêté comme auteur d'un crime. Durant ce

long espace de temps, commissaires de police, procureurs, juges d'instruction ont rivalisé d'efforts et d'habileté pour accumuler les charges contre lui, pour le convaincre, pour lui arracher une parole compromettante, un aveu. Tous les bruits répandus contre lui, tous les indices pouvant éclairer les soupçons de la justice, ont été soigneusement recueillis. Des magistrats, d'une habileté parfois dangereuse, ont interrogé les témoins. Le procès ainsi instruit arrive enfin devant la cour; et les jurés, malgré les efforts très légitimes du reste d'un procureur général, déclarent à la majorité de sept voix que l'accusé est innocent. Tout homme équitable reconnaîtra qu'après une déclaration de cette nature, la cour n'a qu'un seul parti à prendre : renvoyer l'accusé. Puisque trois mois de l'instruction la plus minutieuse n'ont pas suffi pour établir la culpabilité, il y a tout à présumer que cette culpabilité n'existe pas.

Autre est l'avis de Bonaparte. La déclaration du jury ne lui paraît pas suffisante pour démontrer la non-culpabilité. La démonstration ne sera parfaite que lorsque la sentence du jury sera ratifiée par celle des juges. Mais que décider en cas de non-ratification? Sept juges sur douze ont déclaré l'accusé innocent; trois juges sur cinq le déclarent coupable. Comment trancher le conflit? Condamner l'accusé alors que le verdict lui est favorable serait horrible. L'acquitter contre la sentence du tribunal n'était pas possible. La proposition de Bonaparte était donc un défilé sans issue.

Aussi fut-elle vivement combattue. Treilhard voit dans son adoption par le conseil une atteinte mortelle à l'institution du jury. « Cet amalgame de juges et de jurés, dit-il, dénaturerait absolument l'institution. Rien de plus différent que le ministère des uns et celui des autres. Les juges ne sont pas là pour statuer sur aucun prétexte sur le fait. Il faut que la déclaration du jury soit réputée toujours la vérité, et que jamais elle ne puisse être réformée par les juges. Le système de la majorité simple aurait moins d'inconvénients que l'amalgame ».

La première partie de la proposition de Bonaparte, tendant à faire intervenir les juges même au cas où la majorité des jurés serait favorable à l'accusé, n'est pas passée dans le Code. Désastreuse pour l'innocence, cette disposition était du reste impraticable. Il est même douteux que Bonaparte lui-même soupçonnât d'abord tous les conflits, tous les embarras inextricables que son application aurait soulevés. Finit-il par les entrevoir dans le courant de la discussion? Ce qui est certain, c'est qu'il se ravisa, et reconnut que les juges ne devraient être invités à statuer après le jury que lorsque, l'accusé ayant eu sept voix contre lui, sa culpabilité n'était pas encore suffisamment prouvée. « Ce serait, dit-il, tyranniser la conscience des juges que de les obliger à condamner un homme déclaré coupable par sept jurés, alors qu'eux-mêmes, se rangeant à l'opinion des cinq autres, donnent dix voix à l'accusé » (P. 495, t. 25, Locré). De là l'art. 351 ainsi conçu : « Si néanmoins l'accusé n'est déclaré coupable du fait principal qu'à une simple majorité, les juges délibéreront entre eux sur le même point; et si l'avis de la minorité des jurés est adopté par la majorité des juges, de telle sorte qu'en réunissant le nombre de voix, ce nombre excède celui de la majorité des jurés et de la minorité des juges, l'avis favorable à l'accusé prévaudra ».

Les membres du conseil d'Etat ne se méprenaient pas sur la grave atteinte portée à la souveraineté du jury par une combinaison de cette nature. Saisirent-ils les conséquences qui devaient en sortir? Il est permis d'en douter. La plupart considéraient l'article comme très favorable à l'accusé. Or il n'en est rien.

Dans la séance où fut voté cet article, le conseil était tombé d'accord sur ce point : que sept voix contre l'accusé ne suffisaient pas pour opérer condamnation; qu'un doute subsistait, et qu'il fallait pour le trancher faire intervenir les juges. Rappelons que les juges sont au nombre de cinq. Le verdict douteux leur est soumis; ils votent, et deux seulement se prononcent pour la culpabilité. L'accusé sera-t-il relaxé? Il semble qu'il en doit être ainsi ; d'une part, le jury a déclaré la culpabilité douteuse; d'autre part, les juges à la majorité de trois sur cinq ont confirmé cette déclaration. Cependant, l'accusé n'était nullement absous. Les deux voix de la minorité des juges, s'ajoutant aux sept voix de la majorité des jurés, donnaient un chiffre de neuf; les trois voix de la majorité des mêmes juges additionnées aux cinq voix de la minorité des jurés ne donnaient qu'un total de 8. En conséquence, l'accusé était condamné, alors que d'une part sa culpabilité avait été déclarée douteuse par le jury, et que la majorité des juges, en se prononçant en sa faveur, avait donné à ce doute un caractère encore plus problématique.

C'est ainsi que Bonaparte parvint à amoindrir le jury, et dans certains cas, relativement nombreux, à confisquer sa souveraineté, en déférant aux tribunaux la ratification de son verdict. Ainsi cette procédure qui devait être la règle et qui l'avait été sous la législation de 1791, ne fut plus que l'exception par suite de la création des cours spéciales ordinaires et extraordinaires. Les conséquences d'un pareil système furent déplorables non seulemeut sous l'Empire : elles l'ont été peut-être plus encore sous les régimes qui lui ont succédé. Il est toujours fâcheux, surtout dans les graves matières de la législation criminelle, de s'écarter des vrais principes de justice, et de leur substituer des expédients que l'on essaie vainement de justifier par des considérations puisées à la détestable source de la raison d'Etat. On crée par là des précédents dangereux ; on donne aux gouvernements futurs l'exemple contagieux de l'arbitraire ; on les met sur une voie où tous les gouvernements sont malheureusement trop portés à glisser. Les cours spéciales de l'Empire furent abolies par la Charte en 1814 ; le lendemain même elles furent rétablies sous le nom de cours prévôtales. Les cours prévôtales à leur tour disparurent. Mais en 1851, après le coup d'Etat de décembre, nous les avons vues reparaître sous forme de commissions mixtes. Pour en finir, les cours spéciales du premier Empire ont été comme l'original sur lequel ont été copiées dans la suite toutes les juridictions exceptionnelles qui ont laissé parmi nous de si douloureux souvenirs. Il est juste de faire remonter jusqu'à Bonaparte cette lourde responsabilité.

§ 7. — *Comparaison du Code de brumaire avec celui de* 1810.

Résumons brièvement les principaux résultats de cette étude sur le rôle de Bonaparte dans la confection du Code d'instruction criminelle. Le Code de brumaire an IV, encore en vigueur lors de son avènement, ne remplissait pas sans doute tous les *desiderata* des criminalistes. On doit reconnaître néanmoins qu'il était l'œuvre d'esprits élevés, sincères, uniquement préoccupés de donner à leur pays une législation, sévère sans doute, mais libérale et humaine. On ne saurait les accuser d'avoir apporté dans leur œuvre des vues intéressées et d'y avoir inséré

des dispositions arbitraires avec l'intention coupable de s'en
servir au besoin contre leurs adversaires, si l'avenir les appelait à jouer un rôle politique. Aussi n'eurent-ils aucune hési-
tation à établir le jury, non seulement celui de jugement, mais
encore celui d'accusation. Persuadés que cette juridiction
était malgré ses défauts de beaucoup préférable à celle des
juges permanents, ils voulurent lui assurer cette indépendance
absolue hors de laquelle il n'y a ni autorité, ni respect. Les
citoyens les plus recommandables, les électeurs actifs, furent
appelés aux fonctions de jurés. Des magistrats de l'ordre judiciaire, hommes complètement indépendants vis-à-vis du pouvoir central, eurent seuls qualité pour en faire le choix.
Estimant qu'il fallait avant tout éviter les sentences injustes
qui avaient si douloureusement affecté l'opinion au dix-hui-
tième siècle, ils décidèrent que le verdict des jurés, pour être
valable, devait être unanime : toutefois si, après un délai de
vingt-quatre heures, cette unanimité n'était pas établie, la déclaration pouvait être rendue à la simple majorité. Ce qu'ils
voulurent encore, ce fut l'indépendance du juge : de là une
organisation judiciaire qui avait l'élection pour base, qui n'instituait qu'une seule classe de tribunaux, excluait par le fait
tout avancement et toute distinction honorifique; moyen unique de fonder cette inamovibilité qui de nos jours n'existe que
de nom. Enfin les grandes cours n'avaient pas été imaginées :
l'appel était porté d'un tribunal au tribunal voisin; ce qui permettait en matière correctionnelle de faire comparaître les
témoins sans leur imposer de longs déplacements, onéreux
pour le trésor. En seconde comme en première instance, les
dépositions étaient toujours orales.

Vient l'Empire. Régime nouveau, il crut, malgré le prestige
de la gloire militaire, ne pouvoir s'implanter, se maintenir
qu'en effrayant les partisans très rares des régimes déchus. De
là une législation criminelle rigoureuse, contradictoire, toute
d'expédients, mélange bizarre d'esprit nouveau et d'esprit ancien, cherchant à compenser et à se faire pardonner par quelques sacrifices aux idées modernes les trop larges emprunts
qu'elle fait à la procédure criminelle d'avant la Révolution. De
là le jury d'accusation supprimé, et remplacé par le juge instructeur et la chambre des mises en accusation, substitution
dont la conséquence immédiate a été de rétablir la procédure

secrète : le jury de jugement amoindri, dénaturé; le droit de
désigner les jurés enlevé au magistrat et dévolu au préfet ; les
condamnations capitales prononcées à la simple majorité; les
juges permanents autorisés dans la plupart des cas à attirer à
eux et à annuler le verdict du jury; une organisation judiciaire
qui fait de la magistrature un vaste fonctionnarisme, transfor-
mant ceux qui en font partie en employés ordinaires soumis
aux caprices et aux exigences du pouvoir central : enfin, l'institution des grands corps judiciaires, des cours impériales qui
dans l'esprit de leur fondateur devaient par la seule multiplicité
des juges en imposer aux criminels ; institution dont le résultat a été d'augmenter les frais en toute matière, et de supprimer devant la Chambre des appels correctionnels la compa-
rution des témoins, leur confrontation avec l'accusé, et la déposition orale. Faire venir au siège même de la cour des
témoins domiciliés à des distances de cent kilomètres serait
une charge écrasante. Les juges d'appel se contentent des dépositions déjà faites en première instance, et qui leur sont communiquées : procédure moins coûteuse, j'en conviens ; mais,
dans la plupart des cas, désastreuse pour le prévenu.

§ 8. — *Couronnement de l'édifice : les tribunaux soumis aux
préfets.*

Arrivons enfin au couronnement de l'œuvre. Centraliser la
magistrature dans les mains des procureurs généraux était
peu pour Bonaparte : il fallait encore surveiller ces procureurs,
et, pour s'assurer que cette surveillance serait sérieuse, la confier à un fonctionnaire d'un ordre exclusivement politique,
ombrageux, remuant, très fier de ses prérogatives propres,
jaloux de celles d'autrui, en un mot, aux préfets. De là ce trop
fameux art. 10 contre lequel se sont élevés et s'élèvent encore
tous les criminalistes, conférant aux préfets des départements
et au préfet de police à Paris le droit de faire personnellement
ou de requérir les officiers de police de faire tous actes nécessaires à l'effet de constater les crimes, délits, contraventions, et
d'en livrer les auteurs aux tribunaux chargés de les punir.

Il serait intéressant, mais un peu long, de rappeler tous les
excès de pouvoir commis depuis 1810 en vertu de cet article
par l'autorité administrative. Naguère encore et sous un minis-

tère républicain, un préfet de police, par trop nerveux, n'en a-t-il pas abusé pour saisir de son autorité propre, sans prévenir le procureur, le juge d'instruction, tous les numéros d'un journal ? La feuille en question est loin d'avoir nos sympathies; mais qu'importe ? Et cependant le préfet de police n'avait pas dépassé ses attributions ; il n'avait fait qu'user de son pouvoir. Malheureusement en la matière, et en raison même de l'arbitraire de la loi, l'usage se confond avec l'abus. Déjà du reste, sous l'Empire, les excès de cette nature avaient soulevé de vives protestations. Forte de l'article en question, l'autorité administrative avait tout absorbé ; les magistratures, les tribunaux étaient annihilés. A celui qui désirerait d'amples [détails sur cette absorption, nous conseillerons la lecture des Mémoires d'un de nos criminalistes les plus distingués, M. Berenger, de la Drôme. M. Berenger était en 1815 avocat général à Grenoble. Napoléon, de retour de l'île d'Elbe, passant par cette ville, voulut s'enquérir auprès de lui de l'influence exercée par la cour sur les départements du ressort. « Cette influence est nulle, répondit l'avocat général avec amertume. — Comment cela ? — Un maire de village est plus puissant qu'un premier président. Les préfets ont un pouvoir si extraordinaire que bientôt la justice ne s'administrera plus que sous leur direction. » — Et l'entretien continuant, l'Empereur, qui était devenu pensif, conclut en disant : « Tout cela est vrai, les préfets ont une grande autorité. Je n'ai jamais bien entendu ces matières.. Je les renvoyais au conseil d'Etat. Puis il rejetait la faute sur Siméon, sur Treilhard. et son dernier mot était celui-ci : Oui, tout cela a besoin d'être revu. »

Aveu intéressant à recueillir, mais sous bénéfice de contrôle : car il renferme une très grosse erreur. Bonaparte ne veut pas assumer la responsabilité de l'art. 10. Il la rejette sur Treilhard et sur Siméon. Nous allons présenter l'historique de l'article. Le lecteur appréciera.

La question de savoir quelles attributions judiciaires seraient conférées aux préfets, fut agitée pour la première fois devant le conseil d'Etat en 1804, dans la séance du 18 décembre (27 frimaire an XIII). Dans une des séances précédentes, Bonaparte avait subi un échec qui lui avait été très sensible : le conseil avait rejeté le système de la réunion des deux justices. Vexé de cet échec, Bonaparte voulut avoir une compensation. L'organisation judiciaire d'alors étant selon lui impuissante, il était urgent de la soutenir, de l'aider. Comment? En plaçant les tribunaux sous la main des préfets. L'innovation était dangereuse. Les tribunaux étaient déjà sous la direction des procureurs généraux. Pourquoi leur imposer un second chef? Auquel des deux sera donnée la prépondérance? Au préfet? mais c'était rabaisser la magistrature. Maintenir les deux personnages sur le pied de l'égalité, c'était créer des conflits. Entre le préfet, voulant poursuivre une affaire, et le procureur général s'y opposant, que décider?

Bonaparte, frappé du danger, crut le prévenir en proposant un expédient qu'il appelait un moyen terme et qui n'était rien moins que l'annihilation des parquets. Le préfet selon lui devait pouvoir se faire rendre compte de tout, provoquer des poursuites quand il les jugerait nécessaires, et, en cas de désaccord avec le ministère public, en référer au ministre.

La proposition fut combattue par Cambacérès et la plupart de ses collègues. Tout en reconnaissant que le préfet pouvait à la rigueur s'immiscer dans les affaires qui intéressaient directement la sûreté générale, ils lui refusaient le droit de s'occuper des délits qui par leur nature n'avaient qu'un rapport très indirect, très éloigné avec l'ordre public : les délits de cette nature devant être abandonnés entièrement aux magistrats de sûreté, qui remplissaient alors les fonctions de substituts. Sans cette distinction, les préfets s'empareront de tout.

Le ministre de la justice corrobora les observations et les craintes de Cambacérès : il informa le conseil que déjà plusieurs préfets avaient exigé que toutes les affaires criminelles sans distinction leur fussent communiquées, mais que les magistrats ayant refusé la communication de celles qui n'intéressaient que les particuliers, des conflits s'étaient produits.

Bonaparte voulut bien reconnaître qu'il importait de ne pas donner aux préfets une autorité absolue. Sans cela, ils deviendraient des pachas. Le moyen de tout concilier serait de placer le magistrat de sûreté ou substitut sous les ordres du procureur général pour les affaires ordinaires, et de lui ordonner de communiquer au préfet celles qui intéressent la sûreté générale.

Mais cette distinction ne tranchait pas la difficulté. Le point en discussion était celui-ci : un crime ayant été commis, le préfet avait-il le droit d'exiger que les pièces lui fussent remises ? ou bien devait-il attendre que le ministère public lui en donnât communication ? Dans le premier cas, le préfet pouvait, sur un simple soupçon et dans l'espoir de trouver dans le dossier quelques traces de conspiration, se faire tout communiquer ; dans le second, le magistrat de sûreté était seul arbitre de l'opportunité de la communication, et l'autorité administrative ne prenait connaissance que des affaires que le ministère public jugeait utile de lui transmettre.

La section de législation, saisie de la question, fut encore plus énergique que Cambacérès. Elle estima que les préfets ne devaient sous aucun prétexte s'immiscer d'eux-mêmes dans l'administration de la justice ; si la sûreté générale était compromise, au gouvernement seul appartenait le droit d'ordonner les poursuites. Les préfets en pareil cas ne devaient agir que par ordre ou par délégation. Il était urgent de les maintenir dans ces bornes étroites, de leur refuser toute initiative : sans cela, ils étendraient leur autorité trop loin. Quant au magistrat de la sûreté, il ne devait avoir d'autre chef que le procureur général, son supérieur hiérarchique ; on ne saurait le placer de quelque manière que ce soit sous la dépendance des préfets.

Ainsi donc, dans l'opinion de la section, le préfet pouvait bien provoquer des poursuites, des arrestations, mais à la condition d'en avoir reçu l'ordre du gouvernement. A aucun titre il ne devait être compris dans la liste des officiers de police judiciaire.

Les travaux du Code ayant été suspendus, la question ne fut pas tranchée. Elle fut reprise en 1808 dans la séance du 26 août. Bonaparte présidait la séance : c'était significatif.

Le conseil était divisé. La section de législation redoutait l'ingérence de l'autorité administrative. Toutefois, plus timide qu'en 1804 et contrairement aux idées alors émises, elle reconnaissait aux préfets le droit de s'immiscer directement et sans attendre les ordres du gouvernement, dans les affaires qui selon eux portaient atteinte à la sûreté générale. Les préfets, disait la section, grâce à la nombreuse police dont ils disposent, sont les premiers renseignés sur l'existence d'un complot. En conséquence, on doit les autoriser à agir immédiatement, avant même que le ministre leur donne des ordres, et sans être obligés de recourir aux parquets. Donc, pour les crimes qui

intéressent la sûreté de l'Etat, ils seront compris parmi les officiers de police judiciaire.

De graves objections furent élevées contre ce système. De
deux choses l'une, ou le préfet agira d'après les ordres directs du
ministre, et dans ce cas il n'y a pas lieu de craindre qu'il
agisse précipitamment, emporté par un excès de zèle ; ou bien
il agira sur sa propre initiative, et d'après des soupçons plus
ou moins plausibles : mais alors c'est exposer les particuliers
à toutes sortes de vexations.

En outre, faire du préfet, même dans certaines hypothèses
déterminées, un officier de police judiciaire, c'est le placer
sous les ordres du procureur général ; c'est susciter des conflits.

M. Treilhard, au nom de la section, de répondre qu'il ne voyait
aucun inconvénient à ce que les préfets fussent classés parmi
les officiers de police judiciaire, et subordonnés à ce titre au
procureur général, mais seulement dans les hypothèses de
crimes d'Etat. Au reste, s'ils usaient de leur pouvoir pour tour-
menter les particuliers, le procureur général en informerait le
ministre.

Remède désastreux ! Le ministre de la justice, prévenu par
son procureur, invitait son collègue de l'intérieur à modérer
l'ardeur de son préfet. Le ministre de l'intérieur, ainsi que
cela se pratique ordinairement, prenait fait et cause pour son
subordonné. Voilà donc deux ministres aux prises, et une
méchante querelle de préfet à procureur dégénérant par la
force des choses en une crise ministérielle !

Reconnaissons toutefois que la section n'admettait à aucun
prix que les préfets s'arrogeassent le droit d'intervenir à l'occasion de délits ayant un caractère privé.

Bonaparte avait laissé les membres du conseil développer
chacun leur opinion. A son tour, il expose la sienne. Le préfet
selon lui doit avoir toutes les attributions de la police judiciaire, quel que soit le caractère du crime ou du délit. Il ne
comprend pas que la section, après lui avoir accordé ces attributions dans l'hypothèse d'un crime politique, les lui refuse
dans tous les autres cas. Le préfet, en raison de la haute situation qu'il occupe, et grâce à la police vigilante dont il dispose, est mieux que personne en état de surveiller les malfaiteurs, d'éventer leurs projets, et de s'emparer de leurs
personnes. Tenant le fil dans sa main, il les atteindra plus faci-

lement. Enfin il est même certaines circonstances où le procureur général aurait intérêt à se dessaisir, à laisser le préfet instruire seul l'affaire, notamment en matière de vols de diligence, d'incendie ou de faux.

Puis, prévenant l'objection que le conseil allait lui faire, à savoir, que le préfet ne pouvait être investi de pareilles attributions sans être subordonné au procureur général, Bonaparte ajouta qu'il y avait moyen de tout concilier. Le préfet aurait toutes les attributions de la police judiciaire; mais il les exercerait sous sa responsabilité propre, sans être tenu d'en référer au procureur général. « Permis au préfet en toute matière de rédiger des procès-verbaux, d'arrêter, d'instruire. Toutefois, il pourra envoyer ses pièces au procureur général. Alors de deux choses l'une : ou le procureur jugera l'instruction suffisante, la l'égalisera, ou bien il la reprendra pour son compte. Ce système aurait un double avantage: le préfet ne serait pas subordonné au procureur général, et toute éventualité de conflit disparaîtrait. Les actes d'instruction auxquels il aurait procédé pourraient cependant être considérés comme des actes judiciaires, après la légalisation du procureur. On éviterait ainsi de recommencer les procédures ; on irait plus rapidement. »

Ordre fut donné à la commission de préparer un article dans ce sens : et c'est ainsi que, sous la pression de Bonaparte, fut insérée dans notre Code cette disposition dangereuse et absurde qui arme un fonctionnaire de l'ordre administratif, complètement indépendant du procureur général, le préfet, étranger aux matières criminelles, de toutes les attributions de la police judiciaire. Qu'en résulta-t-il? Les préfets devinrent des pachas. Que dis-je? La loi à la main, rien n'empêche qu'ils ne le deviennent encore. Pour cela, il suffirait d'une heure de trouble, suivie d'une réaction avec un ministère peu scrupuleux, et résolu à user contre ses adversaires de toutes les armes forgées par le premier Empire, et dont je ne connais pas de plus terrible que cet art. 10, non encore abrogé.

CONCLUSION

Pour l'honneur de notre pays, il serait temps que nos législateurs, laissant à la porte du Palais Bourbon leurs misérables rancunes personnelles, s'inspirant de l'exemple qui leur a été déjà donné par tous les Etats monarchiques de l'Europe, procédassent enfin à une revision sérieuse de notre législation criminelle. L'union sur ce terrain nous semble devoir être facile : monarchistes et républicains peuvent tous s'y rencontrer sans rien abandonner de leurs convictions, de leurs principes politiques. Les hommes de l'intransigeance doivent surtout s'y présenter les premiers. Ils se targuent de socialisme ! Mais ne serait-ce pas une réforme sociale au premier chef, que celle qui assurerait à la liberté individuelle, à l'innocence leurs garanties légitimes ? Malheureusement les discussions juridiques exigent une préparation sérieuse ; elles passionnent médiocrement le public ; elles fournissent rarement matière à la réclame électorale. Une interpellation avec grandes phrases, très creuses, et par cela même très retentissantes, outre que la préparation en est peu laborieuse, a de plus cet inestimable mérite d'attirer utilement sur celui qui en est l'auteur l'attention de son comité, de son arrondissement, tout fier d'avoir enfin envoyé à la Chambre un député qui parle. Mais interpeller n'est pas réformer : les séances les plus bruyantes ne sont pas les plus fécondes. Ce n'est pas tout que de joncher le sol de cadavres de ministres : la moindre petite réforme, répond tristement le pays, ferait bien mieux mon affaire.

TABLE DES MATIÈRES

Pages.

Paris. — Imprimerie Ch. Noblet, 13, rue Cujas. — 9563.

9 782019 636401